Manual de prevención y atención al suicidio

Dra. Elizabeth Blass

MANUAL DE PREVENCIÓN Y ATENCIÓN AL SUICIDIO

Editado por: Corporación Ígneo, S.A.C.
para su sello editorial Caduceus
José Olaya 169, Ofic. 504, Miraflores. Lima, Perú
Primera edición, diciembre, 2024

ISBN: 978-612-5170-14-9
Tiraje: 50 ejemplares

Hecho el Depósito Legal en la Biblioteca Nacional del Perú N° 2024-11457
Se terminó de imprimir en diciembre de 2024 en:
ALEPH IMPRESIONES SRL
Jr. Risso Nro. 580 Lince, Lima

www.grupoigneo.com
Correo electrónico: contacto@grupoigneo.com | Teléfono: +51 955 071 270
Facebook: Grupo Ígneo | X: @editorialigneo | Instagram: @grupoigneo

Dedicatorias y agradecimientos

Contenido

Dedicatorias y agradecimientos

A Dios y todos los que estando con Él me han dado grandes milagros de fe.

A todos aquellos que le han dado su voto de confianza al proyecto de restaurar la salud mental a nivel estatal y nacional. Juntos creemos que podemos generar algo nuevo y real para todos.

A profesionistas, afiliados, autoridades, ciudadanía, familias, estudiantes y todos aquellos que han sido imprescindibles para la creación del presente manual, gracias a su disposición y entusiasmo ante una nueva alternativa y forma de tratar la salud mental.

A quienes quedan en el anonimato y me han dado la confianza de compartir su problemática emocional conmigo día a día; a quienes buscan la guía y orientación en su psicóloga, maestra, doctora y amiga, y, sobre todo, a quienes creen en lo que les gustaría ver.

A amigos, colegas, mentores, maestros y a aquellos que han enseñado a generar en mí un ser humano que busca el servicio digno y potenciar la salud mental.

Por último, a los pilares ejemplares en mi existencia, mi familia, mi cariño con ellos y a quienes hoy trabajan conmigo.

Dra. Elizabeth Blass

Panorama general

Los factores de riesgo para conducir al suicidio son la presencia de trastornos mentales, predisposición genética, historia de maltrato o abusos, divorcio, desempleo, alta reciente de hospital psiquiátrico, intentos de suicidio anteriores, abuso de alcohol u otras sustancias e ideas suicidas persistentes. Se encuentra una mayor frecuencia de suicidios en la población masculina. A pesar de que se han identificado los factores de riesgo mencionados, aún queda por investigar el papel de otros que podrían considerarse de riesgo para perpetrar la idea suicida, y no han sido bien estudiados a la fecha.

Durante el transcurso de los siglos se han formulado en la cultura occidental muchas teorías acerca del cambio ocurrido ante asuntos y dificultades humanas. Por doquier encontramos a una persona, familia o sistema social inmerso en un problema de modo persistente y repetitivo, a pesar del deseo y de los esfuerzos realizados para alterar la situación, como lo es el suicidio (Watzlawick, 1976).

El suicidio parece ir atado a depresiones que incluyen síntomas psíquicos y corporales, entre ellos las alteraciones del humor, entendidas como trastornos del estado de ánimo, aunados a culpas, autorreproches, pesimismo, desesperanza y dificultad para concentrarse (Martínez, 2008). Las ideas suicidas, al igual que el suicidio, son mucho más difíciles de advertir en las ciencias del comportamiento que, por ejemplo, el desglose de un problema en Física.

Sin embargo, parece que este fenómeno ha sido un movimiento en aceleración, lo que, según Watzlawick (1976), es un reclamo al cambio cuando existe movimiento tras movimiento. Pudiera ser que el suicidio, desde tiempo atrás, ha estado reclamando atención a la estructura social que hoy, como seres humanos, conformamos de forma interna y externa.

Se considera que ninguna persona tiene un control unilateral sobre ninguna otra. El control está en el modo en que el circuito o sistema se organiza y continúa operando. Por ello, cuando existe un síntoma en el grupo social, iniciando desde la familia y convirtiéndose en una tensión intolerable, el individuo se ve obligado a buscar ayuda. La aparición de un síntoma puede ser precipitada por una multitud de hechos. Es posible que la desencadene un cambio en uno de los sistemas sociales más amplios dentro de los que existe la familia: el sistema político, cultural, educacional y social. Veamos qué sucede con los profesionales de la salud (Murray, 1997).

La primera causa de muerte entre los médicos es el suicidio, debido al «complejo de Dios» de querer salvar la vida de las personas a toda costa, por el abandono de la familia ante las largas horas dedicadas al trabajo, por dificultades económicas y enfermedades aledañas, aseguró Jaime Federico Rebolledo Mota, maestro en ciencias en Bioética del IPN. Medina (2003) señaló que, en la actualidad, el 43 % de los profesionales de la Medicina padecen ese síndrome, que en gran medida se asocia a las adicciones y el excesivo trabajo. En este síndrome se incluye el desgaste humano por el esfuerzo que se hace por salvar la vida, que a muchos los lleva a la depresión profunda. Cuando se habla del síndrome de aniquilamiento, se refiere a que hoy en día, uno de cada dos médicos se va a suicidar o tiene ideas suicidas que puede llevar a la práctica, dijo uno de los impulsores de la Ley de Voluntad Anticipada (2008).

«En el mundo se reporta que existe hasta un 12 % de suicidios en médicos a causa del síndrome de aniquilamiento. Uno de los países con ese porcentaje es Inglaterra que, en comparación con México, tiene menor incidencia del padecimiento», abundó Rebolledo (2010). En el país, precisó el Instituto Mexicano del Seguro Social, existen alrededor de 148 000 médicos. En 2007, el Instituto Nacional de Estadística y Geografía (INEGI) registró más de 514 000 defunciones; 284 910 fueron de varones y 229 336 de mujeres. Entre ellos se encuentran, por supuesto, varios doctores.

En México hay, sin duda, un mayor síndrome de aniquilamiento que en Reino Unido. Un médico llega a atender más de treinta pacientes en consulta familiar y, en servicios de urgencias, la sobredemanda es mayor a 50 %. Por lo tanto, la sobrecarga de trabajo, sumada a todas las problemáticas personales, hace posible que nuestro país supere ese 12 % del síndrome (INEGI, 2010).

Por supuesto, no se contabilizan aquellos que se disfrazan de accidentes, de paros cardiacos provocados, de muertes repentinas o de sobredosis, y no se presentan como un suicidio que afecte a la familia. Debido a esto, resulta difícil saber con precisión cuántos médicos se suicidan cada año, porque las estadísticas mexicanas no reportan los decesos por profesión y, por ello, se «requiere de una investigación más profunda sobre este fenómeno que ha crecido en los últimos años».

Por desgracia, en México, el síndrome de aniquilamiento no es atendido ni considerado de forma adecuada. En España, por el contrario, se está pugnando para que sea catalogado como una enfermedad profesional, por lo que desde hace casi una década o más, el estudio de la carga global del suicidio resalta la importancia de los trastornos mentales como un problema prioritario de salud pública mundial. Se destacó que para el 2020, las enfermedades mentales ocuparán el segundo lugar a nivel mundial de frecuencia (Medina, 1994). El problema expuesto amerita ser abordado por su misma naturaleza. Entonces, hemos planteado lo siguiente: ¿es el síndrome de aniquilamiento factor de riesgo para intentos de suicidio en personal de la salud (médicos)?

Hipótesis de trabajo: el síndrome de aniquilamiento es un factor de riesgo para intentos de suicidio en personal de la salud (médicos).

Conocer la magnitud de este problema en su justa dimensión es un reto, por un lado, porque es probable que exista un estigma social y religioso ante este suceso y, por otro lado, porque las estimaciones epidemiológicas se fundamentan en registros oficiales (Medina, 2003) en los que se presenta la dificultad de establecer y mantener mecanismos y clasificaciones confiables que den cuenta de los suicidios consumados y de los intentos.

No hay estadísticas generales que nos revelen los intentos de suicidio en cada país, mucho menos en el gremio médico. Sin embargo, investigadores como Beck han confirmado el papel que desempeñan la depresión y la desesperanza en relación, a su vez, con la idea y el intento suicida (Ramón, 2003).

En estudios internacionales se reafirma que la depresión y la desesperanza son un factor presente en la mayoría de los casos. Para precisar lo que se conoce como «depresión», podemos citar a Farre (1999), quien la define como un trastorno del humor caracterizado por una alteración significativa del estado de ánimo, compuesta de manera primordial de tristeza y ansiedad, que suele asociarse a síntomas físicos y a una reducción de la actividad social.

En cambio, la desesperanza se caracteriza por ser un estado anímico en el que el sujeto tiene una visión desfavorable de sí mismo, constituido por expectativas negativas del futuro. Beck y Lester crearon la escala de la desesperanza. Al estudiar con esta a la población, confirmaron que hay mayor desesperanza que depresión en los suicidas. En sí, se ha dicho que la desesperanza es un factor de riesgo para suicidio a largo plazo (Eguiluz, 2005).

En México, estudios realizados como los iniciados por Medina (2004) han demostrado que el equipo de profesionales de la salud está siendo víctima de desesperanza y síntomas que se pueden incluir en lo que hoy se conoce como síndrome de aniquilamiento, el cual, por desgracia, al no ser detectado a tiempo, ha conducido al origen de ideas suicidas en este grupo social y, en el peor de los casos, a intentos o consumación.

Por ello, se pone de manifiesto la necesidad de orientar la investigación y las estrategias de prevención ante este tipo de desgaste. No cabe duda de que todos los grupos sociales ameritan atención, pero es incuestionable el hecho de que los profesionales de la salud, siendo quienes resguardan la «salud», puedan detectar y optar por intervenciones o programas sociales ante el enfrentamiento de este fenómeno emocional.

1

Antecedentes del suicidio

El suicidio comenzó a ser considerado pecado en el siglo IV, con San Agustín, porque viola el sexto mandamiento, usurpa la función del Estado y de la Iglesia y evita el sufrimiento que ha sido ordenado por Dios. En la Europa occidental de la Edad Media y hasta bien entrada la Edad Moderna, las iglesias cristianas sacralizaron la muerte, la domesticaron, integrándola en un sistema de ritos y creencias que la convertían en una etapa más del destino final de cada ser humano. La Iglesia católica rechazaba al suicida y le negaba la sepultura en el camposanto.

En la Edad Media, en Europa degradaban el cadáver, arrastrándolo por las calles cabeza abajo con una estaca atravesando el corazón y una piedra en la cabeza para inmovilizar el cuerpo y que el espíritu no regresara a dañar a los vivos. El alma del suicida era condenada al infierno por toda la eternidad (Claus, 2001).

En la Inglaterra anglicana de 1800, el cuerpo del suicida era castigado por la justicia en público. Lo arrastraban por el suelo y lo estaqueaban en el cruce de los caminos, sus bienes eran confiscados y la viuda era desheredada y deshonrada. Solo se aceptaba el caso del soldado vencido que se suicidaba por honor. En el siglo XV, Castilla, Aragón, Florencia, Francia, Inglaterra, Milán, Venecia y Portugal sancionaban el suicidio, incluso rematando a los muertos suicidados. En Castilla y Aragón, la práctica se recoge en una constitución de 1497, cuando un pastor almeriense se suicidó porque le despidieron y fue rematado en Córdoba en 1498 (Claus, 2001).

El suicidio ha estado ligado a la humanidad y sus costumbres. Los mayas, según refiere la historia, veneraban a Ixtab, la diosa del suicidio. Fue a partir del siglo XIX que se perdió ese sentido de socialización inserto en la ritualidad. La sociedad emergente rechazó aquel paradigma medieval. La muerte fue liberada y pasó al dominio privado, el cadáver era velado en la casa y sepultado en familia.

En ese sentido, la muerte pasó a depender cada vez más de la voluntad del individuo. El sociólogo francés Émile Durkheim, en su obra *El suicidio* (1897), señala que los suicidios son fenómenos individuales que responden en esencia a causas sociales. Las sociedades presentan ciertos síntomas patológicos, ante todo la integración o regulación social del individuo en la colectividad, ya sea excesiva o insuficiente (Ramón, 2003).

En la actualidad se habla del llamado derecho a morir y del derecho de darse uno la muerte a sí mismo. No es otra cosa que lo que conocemos como el suicidio, y del suicidio nos vamos a ocupar. Nos acercaremos al tema con una doble preocupación: la que nace de la confusión conceptual, que obliga a una diferenciación no siempre clara entre lo que en realidad es suicidio y lo que no lo es, y la que produce una cierta atracción entre curiosa y morbosa por los suicidios. Son alarmantes por su número creciente y llamativos por las personalidades destacadas, en uno u otro campo, que lo eligieron para terminar con sus vidas, desde Sócrates a Arthur Kostler, desde Cleopatra a Alfonsina Storni, desde Séneca a Ganivet, desde Aníbal a Hitler (AFSP, 2004).

En España, la estadística de los suicidios comenzó a llevarse con carácter oficial a partir de la RO de 8 de septiembre de 1906. Antes, Bernardo de Quirós, en «El suicidio en España», en *Alrededor del delito y de la pena* (Madrid, 1904), nos ofreció un estudio en el que registraba, para el año 1895, doscientos veinticinco suicidios. Su número llegó en 1912 a 1596, y en 1940, a 2458. La escala descendió a 1629 suicidios en 1970. Según la Fiscalía del Estado, en el año 1983 alcanzó la cifra de

25 000, lo que supone que en España hay siete suicidios por día (AFSP, 2004).

Surge también la cuestión de si debemos hablar de suicidio o de suicidios. La pregunta tiene una densidad que no se vislumbra a primera vista. Tal es la complejidad de la pregunta que su respuesta bifurca la consideración del suicidio como un fenómeno individual o un fenómeno social. Si hablamos de suicidios, pluralizando, habrá que hacer el enfoque en los casos individuales, distintos y heterogéneos. Si hablamos de suicidio, singularizando, lo importante no sería la consideración de los casos personales, por sugestivos que sean, sino el clima que ha hecho posible que el «suicidio» se manifieste en la prolijidad de su casuismo.

La primera corriente, llamada individualista, y cuyo primer mantenedor fue Morselli (Llano, 1984), se ha expuesto definiendo el suicidio como «el acto individual por excelencia». La segunda corriente, llamada sociológica, fue defendida por Durkheim (1928), para quien el suicidio es un fenómeno de patología comunitaria que se hace visible, al romperse el equilibrio social, a través de factores suicidógenos que inciden y empujan a la muerte a personas concretas. Si el suicidio fuera una enfermedad, la cuestión sería esta: ¿quién es el enfermo?, ¿el hombre-suicida o la sociedad que provoca este fenómeno, una sociedad suicidógena?

Pero ¿no habrá algo más que una controversia entre lo individual y lo social en el tema del suicidio? Para nosotros es evidente que, siendo el suicidio algo del todo personal, los factores que al romper la ecología comunitaria inciden de forma patológica en el hombre no pueden ser olvidados o desconocidos, pero jamás pueden alcanzar la intensidad necesaria para convertir el suicidio en un acto obligado. Ahora bien, tanto en la persona como en la sociedad gravita un factor distinto. Ese factor es, a ambas escalas, el concepto que se tenga de la vida. Tanto es así que frente al suicidio no es posible, como ha dicho Ferri (1934), la discusión entre positivistas y «naturalistas».

Para los primeros, el suicidio, aun siendo una desgracia, es un hecho natural, puesto que se da en la naturaleza, y no puede ser calificado de inmoral, sino de lícito. Olvidan los positivistas que lo natural no puede confundirse con lo normal o ajustado a la recta razón, y que lo anormal y no ajustado a la recta razón, aunque se produce en la naturaleza, es contrario a su ordenamiento. Por otro lado, el suicidio, en cuanto es una evasión de los deberes sociales, implica una ilicitud por huida, como lo supone la deserción en el Ejército.

La incidencia del factor religioso es, por consiguiente, fundamental en el tema del suicidio tanto en la esfera de la persona como en la esfera de la sociedad. Una sociedad secularizada, en la que las vivencias y prácticas religiosas se olvidan o combaten, hace decrecer la religiosidad de los ciudadanos y su creencia en la inmortalidad del alma. Por eso los suicidios crecen conforme la sociedad se separa de Dios. Si Dios no existe, podríamos concluir con Dostoievski que todo es lícito.

Sentado esto, ¿podrá afirmarse que el suicida es un demente? También aquí las posturas difieren, pues mientras un grupo de biólogos considera que en todo caso el suicida nace y no se hace y es un perturbado mental, al menos con carácter transitorio en el momento de cometerlo, víctima de una tara genética o hereditaria, otros entienden que esta generalización es insostenible y que, por el contrario, el suicidio suele realizarse en un estado de «insoportable lucidez mental» (Ferri, 1934).

El problema envuelve, como es lógico, la responsabilidad moral del suicida, y en todo caso, exige un examen cuidadoso del hecho, ya que, como ha señalado Estruck (1982): «el suicidio raras veces es el fruto de una conducta impulsiva, siendo más bien el resultado de una decisión largamente meditada y elaborada hasta en sus mínimos detalles de ejecución».

La verdad es que se suicidan sanos y enfermos, dementes y no dementes. La estadística nos ofrece tan solo un diez a veinte de cien de suicidas locos. Aun pudiendo existir un «síndrome presuicida», el suicidio puede ser evitado. Las penas eclesiásticas contempladas para los suicidas ponen de relieve que no todo suicida es un demente irresponsable de su autodestrucción.

En México, tuvo que pasar tiempo para iniciar atención a esta problemática de una manera científica. Fue hasta que investigadores como Terroba y cols. (1987) comenzaron a realizar varios estudios sobre el suicidio que se pudo demostrar la importancia de este fenómeno social y el principio de muchos más. En ellos obtuvieron que, en sintomatología clínica, existe la presencia de ansiedad y depresión. Se encontró en diferentes niveles socioeconómicos la intención de consumar y lograr un suicidio. Entre los motivos para intentar suicidarse destacaron los problemas familiares, afectivos y de pareja, así como la enfermedad mental. La mayoría de los suicidios consumados fue de hombres, utilizando métodos violentos.

Otro aspecto interesante arrojado en los estudios de Terroba y cols. (1987) cuando analizaron tres poblaciones con un nivel socioeconómico medio alto y alto es el hecho de que sigue siendo el hombre quien más practica el suicidio consumado y la mujer quien más presenta el intento de suicidio; además, los intentos de suicidio se repiten tres veces en un lapso de seis meses.

En la década de los noventa tenemos varios estudios, debido a que el fenómeno cobra mayor relevancia y las estadísticas demostraron un incremento importante. Un ejemplo son los datos que García y Morán (1996) obtuvieron en el estado de Jalisco, con tasas altas que se encontraron en el grupo de veinte a veinticuatro años. La desventaja en este estudio fue utilizar los periódicos como única fuente de información, por lo que existe un sesgo importante. García (2004) ahondó en la problemática con un estudio más completo, mostrando que el 61 % de los casos eran hombres y el 39 % mujeres, y la edad de quince a treinta y cuatro años aumentó de nuevo a los cincuenta años. No existió una diferencia importante entre los solteros y los casados.

En los primeros años de la década actual, Gorenc trató de calcular las cifras verdaderas de suicidio en la República Mexicana, considerando la cifra verdadera como el resultado de la suma oficial y la obscura. En resumen, señala un incremento notable respecto a la reportada de forma oficial. Esto concuerda con los resultados de Borges (2003), quien utilizó los datos proporcionados por el INEGI y la dirección de Estadística de Salubridad. En ambos sexos, el aumento fue del 282 %.

La tasa de suicidios, según el INEGI (2010), asciende de 1,13 a 2,5 por cien mil habitantes, indicando un aumento del 125 %. Sigue siendo la población masculina la líder en suicidio, con un incremento del 170 % contra la población femenina, que registra un aumento del 70 %. Las tasas más elevadas ahora se registran en la población mayor de sesenta y cinco años, sin que por ello haya descendido la tasa en la población joven. En cuanto al sureste del país, fue más afectado que la zona noroeste.

En esta breve reseña encontramos que, por desgracia, las fuentes de información para obtener datos del fenómeno han sido marcadas por los autores como poco verídicas; sin embargo, es un hecho que la incidencia del suicidio se incrementó de forma notable, aunque se debe considerar que también ha incrementado la población.

En Estados Unidos, el suicidio es un tema de salud preocupante: 36 000 decesos al año debido a este fenómeno ocurren en este país, y alrededor de cien muertes al día. Ha sido este país, seguido de Canadá, el que ha comenzado a identificar en sus Fuerzas Armadas conductas suicidas y el que ha intentado tomar prevención dentro de este sistema militar ante este problema de salud (Haney, 2012).

Asimismo, en Estados Unidos, la muerte por suicidio en profesionales de la salud es frecuente en hombres en un 40 %, y aumenta cuando aún se es estudiante o residente de alguna especialidad; sin embargo, existen factores que anteceden a ello, como depresión, ***burnout*** y el estilo de vida (Familioni, 2008).

En Chile, por ejemplo, los estudios epidemiológicos con respecto al suicidio en profesionales de la salud señalan que la depresión ha incrementado en los futuros médicos y es un campo fértil para el padecimiento de ideaciones suicidas (Hernández, 2006).

2

Definición de intento de suicidio y suicidio

Concepto

Suicidio

Acto por el cual un sujeto se autoinflige la muerte, también denominado «autolisis». Puede darse en individuos de psique sana a consecuencia de una situación límite, pero el suicidio se produce a menudo en conexión con un estado psicótico o psicopático. En estos casos, no debe entenderse el suicidio como término de un cierto desarrollo interior, sino como expresión de un estado afectivo de angustia y desesperación.

En todos los casos de intentos de suicidio se debe estudiar en profundidad la situación y proceder a la resolución más rápida posible del trastorno, teniendo en cuenta los factores etiológicos (enfermedad psiquiátrica de alto riesgo, como depresión o esquizofrenia, trastornos de personalidad, situaciones límite o edad del sujeto), y proceder a las estrategias terapéuticas más idóneas (Farré, 1999).

Intento de suicidio

Con este nombre se conocen los suicidios fallidos. De tal manera, cuando el suicida logra su propósito, hablamos de suicidio consumado. Las tentativas muchas veces proceden al suicidio consumado y pueden no ser tomadas en serio por familiares o médicos, pero, en definitiva, es una etapa importante en la prevención de este fenómeno (Stedman, 1992).

Idea suicida

En general, existe poco conocimiento de la frecuencia con que se presenta la idea suicida en los individuos; no obstante, se ha conocido por estudios internacionales que durante los últimos años ha incrementado. Estudios definitivos al respecto han encontrado una fuerte relación entre la ideación suicida y el suicidio consumado. Se llega a la conclusión de que es necesario identificar los factores que rodean a la idea suicida y que, si hay mayor cantidad de estos, se convierten en un factor de riesgo (Diekstra, 1993). Estudios con respecto a esta problemática notifican que, en muestras de estudiantes del Distrito Federal, el 47 % de ellos refirieron al menos un síntoma de ideación suicida, el 17 % pensó en quitarse la vida y un 10 % presentó ideación suicida con todos los indicadores para llegar a consumarlo (Medina, 1994).

Suicidología

La importancia que ha cobrado el suicidio en la conducta humana ha sido impresionante. Este fenómeno que solo se presenta en el ser humano y que ningún otro ser viviente es capaz de reproducir lo vemos en todas las épocas y en todos los países. Se manifiesta a través del tiempo con mayor intensidad, por lo que creó la necesidad en los estudiosos de la conducta humana de contar con una rama de la Psicología que estudie en específico al individuo suicida. Busca conocerlo desde el punto de vista psicológico, los factores de riesgo que lo pueden llevar de una simple ideación hasta el suicidio consumado.

La Suicidología no se estudia solo desde la Psicología. Es una ciencia con métodos claros de base estadística y epidemiológica, que es multidisciplinaria por excelencia. La manera de estudiarla es desde el punto de vista del modelo biopsicosocial. El modelo de vulnerabilidad al estrés hace un llamado a expertos de distintas áreas para trabajar en el estudio del fenómeno suicida, abarcando los diversos factores implicados en su desarrollo.

El principal organismo encargado de la educación en Suicidología en Suecia es el Centro Nacional para la Investigación del Suicidio y las Enfermedades Mentales (NASP). El trabajo de prevención del suicidio en NASP gira en torno a dos ejes.

La primera estrategia se centra en la óptima captación de personas con ideación suicida para evitar que el proceso continúe hacia un intento o al final hacia un acto suicida. En este trabajo, los principales actores son los profesionales de salud.

La segunda estrategia se lleva a cabo a través de un trabajo dirigido a la población y apunta hacia medios de soporte y factores protectores, en especial en situaciones difíciles. Esta estrategia también incluye la toma de conciencia y la educación sobre la problemática suicida en la población, y busca disminuir el miedo y el tabú respecto al tema del suicidio (Bandini, 2010).

El principal objetivo de la Suicidología es la detección temprana a través del buen diagnóstico y el adecuado tratamiento y seguimiento de personas que se ubican en el espectro suicida. Las estrategias dirigidas a cumplir este objetivo son, según Bandini (2010):

1. Estudios epidemiológicos.
2. Investigación científica.
3. Organización de distintos cursos de educación en Suicidología.
4. Oferta de información.

Una vez que hemos intentado definir los términos (a lo largo del trabajo los revisaremos con más detalle), podemos decir que el acto suicida es un esquema de conducta que se distingue por tres categorías que Schneider (Fernández, 1989) distingue como:

1. Suicidio en corto circuito (por miedo y pánico).
2. Suicidio como fuga (por desesperanza).
3. Suicido teatral (por venganza o chantaje).

Otros autores hablan de suicidio patológico, que no puede ser incluido en las categorías anteriores porque en él existen procesos patológicos mentales o bien psicosomáticos. Por orden de frecuencia podemos citar a los depresivos, alcohólicos o esquizofrénicos. Conviene mencionar que algunos, como los alcohólicos o epilépticos, pueden suicidarse en medio de una crisis de particular importancia. El enfermo depresivo debe ser considerado un fuerte candidato al suicidio. Lo que causa controversia es el hecho de que los suicidas sean enfermos mentales o psicosomáticos. No buscan la muerte como un acontecer definitivo, sino para vivir en una condición más favorable, según señala Malraux. El suicidio es más una expresión de vida que de muerte.

El suicidio ha ido en aumento en corporaciones militares por operaciones que conllevan enfrentamientos en guerras, drogas y el mantenimiento de seguridad social (Selby, 2010). Allí, el personal tiene un alto riesgo de experimentar sintomatología suicida. Se presentan tres factores para desencadenarlo según la teoría interpersonal-psicológica del suicidio:

a. Adoptar sentimientos que no le pertenecen a la persona, siendo lo que observa en los otros.
b. Cargar emociones sociales.
c. Desarrollar miedo y dolor asociado al suicidio (deseo de morir).

El personal que se encuentra en corporaciones militares o policiacas también se expone, debido a sus actividades, al desarrollo de síndrome de ***burnout***, que explicaremos más adelante. En particular, se muestra un comportamiento suicida iniciado por desgaste emocional, seguido de ansiedad, depresión y adicciones, entre otros. La salud mental es un tema al que necesitamos darle prioridad y es producto de un sinnúmero de factores sociales-ambientales (Selby, 2010).

La ideación suicida en todo aquel que se encuentra en un alto grado de estrés puede manifestarse a través de diferentes desequilibrios emocionales en la persona y debido a la exposición de una estructura social envuelta en niveles elevados de agresión y de un permanente individualismo y no una visión en comunidad (Selby, 2010).

Ahora bien, la ideación suicida también ha sido estudiada en sus bases neurológicas. Se ha encontrado que aquellas personas que manifiestan estas tendencias carecen de omega 3, lo que pudiera contribuir a una mayor sensibilidad a la depresión, estrés y agotamiento (Defraites, 2012).

En décadas recientes, investigaciones del suicidio y comportamientos suicidas han aumentado, intentando prevenirlo y reducir sus cifras. La Organización Mundial de la Salud estima que un millón de personas mueren por suicidio cada año, lo que significa el suicidio de 16 000 000 por cada 100 000 000 000 de personas en el mundo (Tollefsen, 2012).

Los factores de riesgo para conducir al suicidio son la presencia de trastornos mentales, predisposición genética, historia de maltrato o abusos, divorcio, desempleo, alta reciente de hospital psiquiátrico, intentos de suicidio anteriores, abuso de alcohol u otras sustancias e ideas suicidas persistentes. Se encuentra una mayor frecuencia de suicidios en la población masculina (Sadock, 2012).

El suicidio también se ha estudiado desde el punto de vista neurobiológico. Se detectan comportamientos impulsivos-agresivos en los adultos o adolescentes que podrían considerarse alteraciones neurológicas relacionadas a mecanismos serotoninérgicos y noradrenérgicos y disfunciones hipotalámicas que pudieran tomarse en cuenta en su tratamiento ante una ideología suicida (Callahan, 2012).

En el personal militar, el fenómeno del comportamiento suicida se ha manifestado. Es posible que haya una relación con un síndrome de *burnout* presente. En el caso de pilotos aviadores militares, persiste ideología suicida y desgaste emocional, caso contrario a aquellos que se desarrollan en un ámbito laboral civil, debido a las diferencias existentes en las funciones realizadas (Rosado, 2011).

Por ello, el suicidio se presenta en el contexto de las Fuerzas Armadas de la cultura occidental. Las guerras, terrorismo y asesinatos han hecho que aquellos que colaboran en este servicio, por la forma de vida y actuar de los ejércitos, tengan conductas e ideaciones tendentes a la huida de las sensaciones persistentes en ellos, como ingesta excesiva de alcohol, deseo de desertar, autolesiones, tentativas de suicidios e incluso el suicidio consumado (Rosado, 2011).

Al parecer, el aumento o disminución de suicidios en el contexto militar se ha relacionado con el incremento o decremento de actividades militares. Para evitar esta conducta, se implementa una regularización más estricta al acceso de armas y el incremento de psicólogos a las Fuerzas Armadas (Shay, 2010).

Durante la década pasada, estudios epidemiológicos prospectivos han propuesto una asociación entre el ambiente de trabajo y los desórdenes mentales o emocionales. Se consideran factores a evaluar desde lo genético hasta lo fisiológico, biológico, psicológico, social y organizacional (Moutier, 2012).

3

Síndrome de aniquilamiento (burnout): factor de riesgo para intentos de suicidio en profesionales de la salud

El síndrome de aniquilamiento es una enfermedad de riesgo, en particular entre los médicos. Aunado a la depresión, la dependencia a las drogas o la desesperanza puede conducir al suicidio. La tasa de ellos respecto a la media poblacional es un 50 % mayor en médicos hombres austríacos y un 25 % mayor en las médicas austríacas. Resultados similares fueron también hallados en Bamayr y Feuerlein (1984).

El síndrome de aniquilamiento, también conocido como «síndrome de estar quemado», «síndrome de desmoralización» o de «agotamiento emocional», es considerado por la Organización Mundial de la Salud (Medina, 1994; 2003) como una enfermedad laboral que provoca detrimento en la salud física y mental de los individuos.

Ahora bien, la depresión en el síndrome de aniquilamiento y el suicidio es una pieza clave o fundamental para la rehabilitación de la persona que padece estos fenómenos de salud, ya que la depresión causa un sufrimiento innecesario. Antes que nada, es obvio que el paso previo al tratamiento consiste en la realización del diagnóstico, iniciando por un examen médico y una analítica para descartar posibles enfermedades físicas. Una vez descartadas causas físicas, se realizará una evaluación psicológica para derivar según sea el caso (González, 2000).

La persona que está bajo la experiencia del síndrome de aniquilamiento puede presentar un déficit de plenitud. El sentido de plenitud es el resultado de una vida dominada por la experiencia y la realización de los valores personales (entendidos como valores subjetivos que se sienten valiosos y atractivos, en contraste con los valores objetivos, del tipo de los valores culturales o sociales).

En otras palabras, la verdadera plenitud en el trabajo es la mejor protección contra el síndrome del aniquilamiento. Si una persona trabaja con placer e interés en un proyecto y experimenta su vida sintiéndola valiosa y llena de sentido, no está en peligro de precipitarse hacia dicho síndrome (Cherniss, 1980).

Un análisis teórico-motivacional permite ver la divergencia entre el motivo subjetivo de una acción y la tarea objetiva. En el síndrome de aniquilamiento, la actitud existencial hacia la vida (comprensión de la existencia, proyecto de vida) es una mala interpretación de la existencia real y de los verdaderos elementos para una vida plena y exitosa. Sus síntomas, como ya hemos mencionado, son somáticos, psicológicos y noéticos, siendo estos síntomas una protección ante un daño mayor (posibilidad de reconsideración de la actitud existencial hacia la vida).

Lo que conduce a la gente hacia el extremo del síndrome de aniquilamiento no procede directo de estar al servicio de un proyecto o una causa, sino de miras subjetivas, tales como carrera, influencias, reconocimiento, ingresos, aceptación social, obligaciones o incluso por objetivos impuestos (de los que a cualquiera le gustaría liberarse). Aun cuando parecieran motivos desinteresados, como los religiosos o de voluntariado humanitario impulsados por una buena causa, pueden resultar en una discrepancia relacional con el proyecto en sí mismo. Una persona que se acerque a una tarea con una orientación como esta no estará motivada por el valor sustancial del trabajo, sino por alguna otra consideración externa.

Por lo tanto, el hecho de brindar ayuda para ese trabajo específico no será aceptado por ser un humano particular o por una tarea concreta, pues es frecuente que personas (Hernández, 2006) y tareas se confundan y se cambie una en lugar de la otra. Entonces, el verdadero propósito pasa a ser la actividad por sí misma y ya no por el valor inherente al proyecto. En estos casos, no hay una dedicación genuina de la persona al proyecto.

Además, debemos agregar que cuando una persona se siente poco atraída y más bien compelida a realizar una actividad específica o un proyecto, el valor de la experiencia no es vivenciado y está ausente. Estar demasiado motivado, alejado de los valores que son inherentes a las actividades y proyectos, en realidad sugiere que podría haber un déficit subyacente de raíz psicológica.

Un análisis formal de las motivaciones nos conduce a lo siguiente: si un médico desarrolla síntomas de desgaste profesional durante una epidemia de influenza, esto no necesita relacionarse con un estado inicial de carencia de su parte, sino más bien con las demandas de la emergencia. Si un médico se dedica a un proyecto con consentimiento interno y convicción, podrá quedar exhausto, pero no mostrará ningún otro síntoma típico del síndrome del aniquilamiento, como cinismo, sentimientos de culpa, vacío y sufrimiento. De manera característica, el desgaste profesional no se ve con frecuencia en tiempos de calamidades, más bien aparece durante el trabajo diario (Hernández, 2006).

Por lo común, para que el desgaste profesional aparezca debe haber una carencia inicial. En cualquier caso, si la persona no está en condiciones de compensar de manera interna la pérdida emocional por sus propios medios, las manifestaciones psicológicas se harán evidentes. Esto nos genera una vez más la pregunta de cómo pueden ser, en general, los desórdenes psicológicos o los niveles de carencias internas que residen debajo de los síntomas del desgaste profesional.

Con frecuencia, la génesis del síndrome del aniquilamiento fue explicada de modo formal como un excesivo estrés o trabajo.

En consecuencia, el síndrome se caracterizó por un agotamiento emocional que hace que las relaciones se vuelvan superficiales y funcionales. Ha sido visto como la causa de la pérdida de autoconfianza y productividad (Karazman, 1994). Queremos identificar cuáles son las actitudes específicas hacia la vida que pueden generar suicidio, enlazándose con un síndrome de aniquilamiento que está en la raíz misma del comportamiento y su motivación.

Estamos interesados en el grado en que una persona que sufre del síndrome sea consciente o inconsciente de estas actitudes basales. Sean conscientes o no, reflejan una comprensión subjetiva de lo que es necesario pensar, percibir y sentir, así como de aquello que en realidad cuenta en la vida. Los síntomas del síndrome del aniquilamiento no ocurren por accidente, sino que brotan de una comprensión personal y subjetiva de la propia existencia que guía las acciones.

De hecho, la actitud existencial adoptada en casos de *burnout* es aquella que malinterpreta los requerimientos y elementos para una existencia plena y exitosa. Esta malinterpretación se opone a una vida plena, produciendo un déficit en el nivel somático, psicológico y noético, como ya habíamos mencionado. En este sentido, el síndrome del aniquilamiento en su etapa final —la disminución de la actividad— puede ser entendido como una respuesta interna para protegerse de un daño posterior para sí mismo (Johnson-Laird, 1981).

El déficit en el desempeño es causado por una diferencia entre:

- Intención subjetiva (propósitos personales).
- Ocupación objetiva (funciones asignadas, ocupación real con una cierta tarea); intención subjetiva (propósitos personales), por ejemplo, obligaciones, consignas impuestas, carrera, influencias, cargas impositivas.

Ahora examinemos cada uno de los pasos de manera individual. Una persona experimenta el síndrome del aniquilamiento cuando está dirigida en exclusivo por un propósito o motivación que se vincula con la tarea misma. En otras palabras, la actividad se vuelve más importante por lo que significa que por su fin. Luego, la actitud adoptada hacia la actividad es prioritaria para el comienzo de los síntomas del síndrome.

En una persona, el síndrome del aniquilamiento comienza con la experiencia de alienación hacia su trabajo mucho antes de que aparezcan los síntomas. El trabajo pierde su valor original y, en cambio, se vuelve carente de valor o improductivo (por ejemplo, cuando es utilizado como un mero escalón hacia otro puesto). La persona se orienta hacia un propósito u objetivo y no hacia el valor único y genuino del sentido de la tarea. El primer escalón revela cuál es la actitud personal predominante hacia la vida.

En este caso, la persona siente o necesita un propósito específico para tener una vida valiosa, que valga la pena vivir (Jhonson-Laird, 2001). De manera paradójica, semejante actitud podrá perder sin advertirlo aquello que era valioso y que valía tanto esfuerzo. Esto podrá destruir las realidades del mundo y los requerimientos para una existencia realizada a plenitud. Tal comportamiento no podrá conducir a una experiencia llena de sentido, sino solo hacia el logro del propósito.

Estos objetivos quedan agotados porque falta un consentimiento interno o de relación. La vida, entonces, pierde su capacidad en calidad. Esto puede ser expresado por medio de dos imágenes: si las tareas y temas sirven nada más para cumplir con los propios propósitos, serán usados como un mero combustible y la vida se perderá en sus cenizas o bien «primero se quema el objetivo y después uno mismo».

La falta de comprensión o la malinterpretación en la percepción personal de la realidad existencial concluye en un descuido, según Hernández (2006), por el valor intrínseco de las demás personas, objetos y tareas, lo que conduce a una trivialización de las relaciones con el mundo y una desconsideración por el valor de la propia vida, el cuerpo, las emociones y las necesidades. Además, se ignora el sentido de lo que es verdadero. Todo eso conduce a una pérdida de relación con uno mismo. En consecuencia, la persona puede sentirse extraña, sin vida y discordante, como si su corazón no estuviera en su cuerpo.

Una actitud de descuido por el valor intrínseco de los demás y de la propia vida puede producir estrés. Si describimos el estrés como una experiencia, podemos sugerir que se origina por un reducido contacto con los valores. Aquello con lo que la persona está comprometida no es experimentado como valioso. El estrés puede ser descrito como una falta de consentimiento interno en relación con una tarea específica. Desde nuestra perspectiva, la raíz más profunda del estrés consiste en estar haciendo algo sin de verdad quererlo o estar comprometido en una actividad sin tener puesto el corazón en ella, una vida discordante (Jhonson-Laird, 2001).

La experiencia de vacío, la falta de realización, las necesidades psicológicas y una reducida calidad de vida... todo esto tiene el mismo origen. Todas estas experiencias ocurren cuando a la persona le falta el consentimiento interno, una aprobación que venga de adentro. Si alguien ejerce una actividad o profesión por un período prolongado de tiempo y utiliza ese tiempo sin una relación interna consigo mismo, sin ver el valor intrínseco de la tarea, sin ser capaz de consentir a su satisfacción y sin poder dedicarse en realidad a hacerlo, entonces aparecerá un vacío interior. Este vacío interior es una especie de predepresión, pues no se produce un intercambio dialogal en el que uno da, pero también recibe.

Una actitud que se orienta más a los propósitos personales que a los valores subordina todas las actividades asociadas con esa tendencia. Esto genera una distancia entre la persona y su trabajo. La persona no se sentirá plena en las relaciones que entable y se prohibirá cualquier apertura, debido a la ausencia de consentimiento interno. Tal actitud y respuesta a la vida produce un desacuerdo emocional en el que el trabajo se vuelve sin vida, vacío. Así, el trabajo se torna un mero sustituto por la falta de cercanía y afecto. En esencia, la persona se vuelve sin vida y vacía. Dicha falta de relación contribuye al mayor daño para una persona y para su vida (Jhonson-Laird, 1981).

Más adelante, este daño tiene consecuencias. Como muchos desórdenes, la falta de relación que hemos descrito tiende a culminar en alguna forma de depresión y, por ende, en la mayor de las consecuencias: intentos de suicidio y suicidios. El síndrome del aniquilamiento es una forma de depresión (debida al agotamiento, según Kielholz cf. Pöldinger, 1994) causada no por trauma o desvío biológico, sino por una pérdida de los valores de la vida, que son la llave para el compromiso que nutre la devoción hacia el objetivo.

El síndrome del aniquilamiento es el resultado de varios pasos. El origen está en una actitud no existencial hacia la vida, entendida como una vida que está más orientada hacia los propósitos o logros, más vista por lo que significa respecto a un fin que por una orientación a las condiciones de la existencia.

El desgaste profesional, desde nuestra perspectiva, comienza con los síntomas del vacío existencial y se mezcla con influencias externas y necesidades subjetivas que conducen a una actitud utilitaria hacia la vida. El resultado es lo que llamamos «falta de aprobación interna» (Hernández, 2006). Esta falta de consentimiento interno, a su vez, lleva a una ausencia de relación con los demás y consigo mismo, y a un desorden emocional.

En su base, el síndrome del aniquilamiento es visto como una deficiencia en la motivación fundamental existencial de la persona. Una deficiencia en cualquiera de las motivaciones fundamentales de la existencia de una persona le impide que surja la aprobación interna y hace brotar la carencia psicológica. Una vida llevada con gran esfuerzo, pero cerrada a las relaciones produce incapacidad a una experiencia plena de valores y contribuye a un incremento de la sensación de vacío y descontento (frustración psicológica). Esto, con el tiempo, puede causar comportamientos característicos de aversión, como una reacción para protegerse del síndrome del aniquilamiento y, a mediano y corto plazo, un suicidio o varios intentos de suicidio.

El consentimiento interno solo puede otorgarse si están dadas las condiciones para una existencia plena. Una vida en la que esté ausente conduce a desórdenes emocionales y tendencia suicida. En personas de trayectoria sana que han tenido la suficiente perseverancia y que están inspiradas por un ideal o un propósito en la vida, es posible que se manifiesten algunos rasgos; sin embargo, sería llevar una vida pobre en relaciones lo que podría crear dicha sintomatología. Situaciones como esta pueden terminar en depresiones graves, psicosis y suicidio consumado. Quienes se cierran a la experiencia de sostén sentirán inseguridad y peligro. Estas personas serán más propensas a realizar actividades ordenadas de manera rígida y se aferrarán a ellas, ya que les proveen un apoyo, y todo lo que hagan será para mantener este espacio seguro para vivir (Hernández, 2006).

El bloqueo de las emociones, el temor a las relaciones y el estrés emocional conducen a desarrollar sentimientos de obligación ante los demás en lugar de relaciones de apertura. Estas personas se inclinan a profesiones de servicio y ayuda a los demás para compensar sus sentimientos de culpa, desvalorización y falta de relaciones. Sin embargo, no dejan escapar sus sentimientos depresivos. De manera característica, viven prisioneras de su propia carencia, lo que las hace sacrificarse por los demás. Luchan para no agobiar a los otros, poniendo sus propias demandas en último lugar y haciendo lo posible para ser una «buena» persona (Johnson-Laird, 1981).

La pérdida de autoestima se va profundizando rápido, aunada al autorreproche y la culpa. En el caso de los profesionales de salud, este síndrome se desarrolla por factores ambientales, como el contacto continuo con personas enfermas de gravedad, a veces con consecuencias de muerte, y con los familiares de estas que se encuentran angustiados. En tales circunstancias se producen intensos sentimientos de amor, miedo, duelo... que se dan de forma repetitiva. A la sobrecarga emocional suele sumarse una sobrecarga de trabajo, falta de tiempo, de personal, de material... (Pérez, 2001). Además, influyen factores personales, por ejemplo, no percibir los resultados esperados, a pesar del esfuerzo realizado. Se contaminan del negativismo y de la frustración, y al final aparecen los citados síntomas y tendencias al intento de suicidio (Molina, 2003).

El síndrome es una variable continua que se extiende desde la presencia de niveles bajos de síntomas a moderados y hasta altos grados de sentimientos negativos. A medida que aumentan los niveles del síndrome del aniquilamiento, los profesionales perciben diferentes disfunciones personales que incluyen síntomas de ansiedad, insomnio, cambios de apetito, cefaleas y trastornos digestivos diversos, además de ira y agresividad, que se traducen en una imposibilidad manifiesta de ayudar al otro.

Esto tiene consecuencias potencialmente muy serias tanto para los profesionales como para las instituciones, debido al aumento de ausentismo, la desmotivación y la baja moral laboral, al tiempo que crecen los enfrentamientos entre el equipo médico. Sin embargo, el personal bajo este síndrome no es consciente del cambio en su comportamiento y del deterioro de sus relaciones que se está produciendo en su propio ser; más bien, lo atribuyen a hechos puntuales en su esfera laboral (Manassero, 2003).

Poco a poco, se llega al convencimiento psicológico de que su trabajo no es valorado ni por la institución ni por los pacientes, lo que genera pérdida de autoestima y disminución en el rendimiento por la aparición de conductas de evitación y desidia, y en casos extremos, el suicidio.

Debemos mencionar que el porcentaje de suicidios que comienzan con un síndrome como el del aniquilamiento en general es más alto entre los hombres en comparación con las mujeres.

El desarrollo de los estados del síndrome es tratado, según los autores, de diferentes formas. Por ejemplo, Freudenberger distingue dos estados iniciales, uno con sensaciones y otro sin ellas (Freudenberger, 1975).

En 1992, este autor amplió su descripción hasta incluir doce estados. Estos comienzan por una compulsión para probarse a sí mismo, continúan con un esfuerzo recargado acompañado por una postergación de las propias necesidades, una reinterpretación de los valores y negación de los problemas resultantes. Todo ello conduce, por último, al retraimiento, la despersonalización, un vacío interior y un agotamiento total (Freudenberger, 1992). Contrastando con esto, Maslach (1981, 1982) divide las fases del síndrome del aniquilamiento en cuatro partes (Langle, 2006):

1. Idealismo y sobrevaloración.
2. Cansancio emocional y físico.
3. Deshumanización como antídoto.
4. Fase terminal: síndrome de disgusto (por uno mismo, por los demás y, al final, disgusto por todo) y abatimiento (resignación profesional, enfermedad).

Los desórdenes en este nivel hacen que una persona sea propensa a buscar adulación y elogio y equipare su valor intrínseco con la carrera o el dinero. La carencia en este nivel apunta a una falta de autoestima y conduce a la persona a volverse dependiente del reconocimiento externo, la valoración y el respeto de los demás.

Por último, en el sentido de la existencia, en este vasto contexto, una persona puede llegar a comprender a los demás y su propia vida. Las tres motivaciones fundamentales precedentes son prerrequisitos para esta motivación. Una persona que no tiene esta motivación existencial experimenta solo su sentido de forma; las experiencias son meras semblanzas de sentido (por ejemplo, moda, deseos aprobados por la sociedad, explicaciones ideológicas), contrastando con el verdadero sentido que sostiene el valor personal, un sentido que es más rico, más fundamentado y recompensado.

4

Causas precipitantes del suicidio y del desarrollo del síndrome de aniquilamiento

La personalidad es un elemento autorregulador de las principales orientaciones y adaptaciones del sujeto en su vida diaria. Las neurociencias aportan nuevos argumentos para comprender la ideación suicida, siendo un proceso biológico que puede no tener una relación tan directa con la circunstancia social, sino con los déficits neurológicos que ocasionan las alteraciones de conducta a nivel ambiental. Estimular la vida en busca de la felicidad más que de los dolores es un aprendizaje diario que debemos ejercitar en quien presenta rasgos de tendencia suicida (González, 2000).

La necesidad es el empuje del comportamiento humano y animal. En el hombre existen las necesidades superiores que no solo lo distinguen de los animales, sino que también le permiten insertarse en la sociedad, fuente de exigencias y oportunidades para cualquier ser humano que construye su existencia desde lo que resulta significativo para su supervivencia personal y familiar, buscando la trascendencia en una historia que lo marca como único e irrepetible en el transcurso de la vida natural.

En el suicida, o el que inicia con ideaciones de este tipo, la creación de un sentido de vida como una categoría de la personalidad va a regular y construir la dirección de la existencia, orientándose en las diferentes áreas de vida (familiar, de pareja, relaciones interpersonales). Es normal que el hombre se proyecte hacia el futuro como una expresión de tiempo, así lo concientizamos. Todos tenemos un pasado que es vivido y sentido en un presente regulado a su vez por un futuro para el bien propio y de los demás (González, 2000).

El sentido de vida se construye sobre la base de las necesidades, motivaciones e intereses que lo interioricen y fortalezcan la experiencia personal. Este se encuentra dañado en la persona con tendencia al suicidio, que no conserva sus necesidades, intereses, motivos o filosofía de vida, sino que deposita su valor en las valoraciones de los demás, mostrando carencias afectivas que provocarán dependencia y, por tanto, involución, es decir, un futuro a corto plazo que provoca obstáculos para su desarrollo y realización personal (Cabildo, 1996).

Ya hemos mencionado que el suicidio ha ido en aumento en México y que su tendencia a crecer de forma acelerada en los próximos años es factible. Por desgracia, su problemática es compleja y multifactorial, sobre todo porque los factores que podemos llamar «de riesgo» son diferentes según la edad del suicida. En países como Estados Unidos y otros del primer mundo se han desarrollado estudios que, por medio de resoluciones estadísticas complejas, nos permiten reconocer algunas variables, como factores de predicción; esto es, al estudiar un paciente contamos con herramientas para identificar al individuo que es candidato a cometer suicidio (Pierce, 1981).

De esta forma, se agregan modelos de personalidad asentados en bases científicas que permiten desarrollar instrumentos útiles para evaluar desde el punto de vista psicológico al individuo suicida.

De hecho, las alteraciones en la personalidad han sido descubiertas en la población suicida; por ejemplo, es frecuente que el riesgo aumente en aquellos con estado de ánimo inestable, aquellos con rasgos de agresividad o bien con carácter impulsivo mal controlado.

Así encontramos que, en definitiva, los individuos antisociales o con trastornos limítrofes de la personalidad tienen un índice mayor de suicidio. La hostilidad al medio ambiente es otro rasgo importante en el individuo suicida, la cual es más manifiesta en la mujer y, para algunos autores, precipita al consumo de drogas ilegales. Más tarde, se agregan problemas legales y, para completar el cuadro, inconvenientes laborales y económicos, hundiendo al final al individuo en la desesperación que puede culminar en intento suicida (Lolos, 1988).

Algunos factores de riesgo de suicidio son:

- Depresión.
- Abandono.
- Luto (primer año de la pérdida).
- Aislamiento (viudos, solteros).
- Expectativa de muerte por alguna causa.
- Menor organización y complejidad del comportamiento que en el pasado.
- Desesperanza inducida.
- Institucionalización.
- Enfermedad física.
- Alcoholismo.
- Deseo y decisión racional de proteger a sus sucesores de un desastre económico.
- Decisiones filosóficas (la vida parece no tener más sentido ni placer).
- Deterioro mental orgánico.
- Cambios en los patrones de sueño; pesadillas nocturnas.
- Ser varón blanco (mayor incidencia de suicidios que en cualquier otro grupo).

La vinculación entre la hostilidad y la depresión en la conducta suicida ha creado diferentes hipótesis. Se destaca la de Jacobson, en la que por fin se deduce o se interpreta el suicidio como sadismo invertido o como la destrucción masoquista de los aspectos odiados por uno mismo. Los sujetos con una conducta suicida tienden a manifestar la rabia y la hostilidad de manera más disfrazada; es decir, en el exterior muestran más una sensación de depresión y culpa. Lolos y cols. (1988) han utilizado un método que analiza el contenido verbal de pacientes con ideación suicida y han encontrado una relación positiva entre los puntajes de hostilidad, desesperanza, depresión y, por último, ideación suicida.

Ahora bien, el síndrome de aniquilamiento es una patología descrita y estudiada por diversos autores desde 1974. Hoy en día, el término «aniquilamiento» (*burnout*) se conoce más en los ambientes de la salud, y gracias a los estudios realizados desde Freudenberger (1974) hasta la fecha, se ha llegado a configurar el síndrome. Su característica principal es el agotamiento emocional y escepticismo y se manifiesta entre los profesionales en el ejercicio de su actividad laboral cuando esta se localiza en el ámbito de los servicios humanos o en las llamadas «profesiones de ayuda».

Una de las teorías más aceptadas es la de Maslash, quien realizó los primeros estudios de campo y describe las siguientes características en este síndrome (Manassero, 2003):

1. **Agotamiento emocional:** se define como desgaste, pérdida de la energía, agotamiento o fatiga. Presenta manifestaciones físicas, psicológicas o ambas. Este cansancio emocional es identificado como el núcleo del síndrome del aniquilamiento.
2. **Despersonalización:** cuando el profesional se involucra demasiado con el trabajo y llega a sentirse acosado por las demandas emocionales, presenta trastornos conductuales y toma una relación fría y distante que lo lleva al aislamiento, la insensibilidad, la deshumanización, el negativismo, el distanciamiento con los compañeros e incluso el cinismo con los pacientes y conflictos innecesarios entre compañeros de trabajo.

3. **Autoevaluación negativa:** la realización personal se ve afectada por los factores mencionados, como deterioro del rendimiento o pérdida de motivación con alteración de los valores individuales y laborales. La persona puede llegar a sentirse infeliz consigo misma e insatisfecha con sus logros personales. Esta desmotivación conduce a un estado de apatía que repercute en la calidad de vida del trabajador.

El síndrome de aniquilamiento resulta de una discrepancia entre los ideales individuales y la realidad de la vida ocupacional diaria, e involucra las tres dimensiones citadas. Autores como Farmer (1987) señalan que la hostilidad es un sentimiento que caracteriza a la mayoría de los que intentan suicidarse. En suma, podemos decir que los estudios de investigación confirman que el mayor potencial suicida se atribuye en la literatura a los trastornos limítrofes de la personalidad.

Recapitulando, podemos decir que un factor importante de riesgo en un individuo sería la presencia del síndrome del aniquilamiento. Si el sujeto ya intentó suicidarse o muestra algún trastorno de la personalidad, existirá un doble riesgo de reintento y consumación de tal evento. No hay que dejar de lado estudios recientes relacionados con sustancias como el ácido 5-hidroxindolacético en el líquido cefalorraquídeo, indicador de la función serotoninérgica; los pacientes suicidas tienen una disminución de este transmisor, lo que representa una vía de estudio desde el punto de vista psicobiológico (López, 1988).

Schaap (1993) proporciona una descripción etiológica del síndrome utilizando tres modelos complementarios. Ahora bien, si contrastáramos estos modelos en el fenómeno del suicidio, lo explicaríamos de la siguiente manera:

1. **Explicaciones psicológico-individuales:** subrayan la discrepancia entre las expectativas exageradas de la persona y la realidad cotidiana.
2. **Explicaciones socio-psicológicas:** hacen tributo a las interrelaciones sociales como si fueran la razón principal.
3. **Explicaciones organizacional-psicológicas:** sugieren que la principal razón de este fenómeno descansa dentro de las estructuras de la organización misma. Cherniss, en 1980, habla de la insuficiente autonomía, conflictos de roles, poco apoyo y *feedback* de *management*, expectativas demasiado altas en relación con los compañeros de trabajo, etc.

Lo que sigue es un intento de describir el suicidio desde la perspectiva del análisis existencial. El análisis existencial es un modelo de interpretación psicológico-individual. Desde esta perspectiva se considerará la dinámica del suicidio. También se describirán los procesos en los que una persona adopta una particular «actitud existencial».

En análisis existencial se entiende el suicidio como la falta de bienestar general de una persona, que influye en las experiencias subjetivas para, a su vez, afectar las decisiones, actitudes y acciones. El suicidio engloba las tres dimensiones de la existencia que Frankl (1959) describió en su antropología:

- **Dimensión somática:** debilidad física, desórdenes funcionales (por ejemplo, pérdida del sueño) y predisposición para la enfermedad.
- **Dimensión psicológica:** desgano, estado de amargura, agotamiento emocional, irritabilidad.
- **Dimensión noética:** retraimiento de las demandas y las relaciones, actitudes de desprecio hacia uno mismo y «el mundo».

Si la sintomatología suicida continúa, puede conducir —hablando en metáfora— a la formación de unas «lentes» que distorsionan toda futura experiencia. La experiencia de la persona —del mundo interno y externo— será vista a través de estas lentes y se caracterizará por un sentimiento de vacío generalizado debido a la persistente falta de energía somático-psicológica. Esto irá acompañado por una creciente pérdida de orientación. En consecuencia, es posible que a los sentimientos de vacío se sume un sentimiento general de falta de sentido que puede llegar a expandirse a otros aspectos de la vida (desde el trabajo hasta el ocio e incluso dentro de la esfera privada) y, al final, es capaz de consumir la vida de la persona en su totalidad.

El término «vacío existencial» fue definido por Frankl como una pérdida de interés que conduce a un estado de aburrimiento y una falta de iniciativa que puede generar apatía. Esto lleva a un profundo sentimiento de sinsentido (Frankl, 1983). Los síntomas predominantes del suicidio son similares al sentimiento de vacío y falta de sentido, dos síntomas importantes que plantea Frankl para caracterizar el vacío existencial. Por lo tanto, el suicidio puede ser entendido dentro del encuadre de la logoterapia como una forma especial de vacío existencial que incluye síntomas físicos, entre ellos el agotamiento (pudiera ser el *burnout*). A pesar de que la apatía y el aburrimiento están incluidos en la definición frankleana de vacío existencial, ninguno de estos es síntoma primario del suicidio; sin embargo, pueden ser consecuencia de otros síntomas recurrentes.

¿Cuál es la razón que está detrás del suicidio? ¿Qué factores contribuyen a ello? ¿Por qué algunas personas son susceptibles a intentar el suicidio mientras que otras no? Desde una perspectiva logoterapéutica, el suicidio puede ser explicado como un déficit en el sentido existencial. El sentido existencial (Tabla 1) se caracteriza por una sensación de realización interna y de plenitud. Esta experiencia podrá persistir aun bajo el aspecto de fatiga y agotamiento siempre y cuando permanezca vigente en el ámbito emocional: la relación con uno mismo, la experiencia de estar llevando a cabo por voluntad propia las actividades y la sensación de que estas tienen valor (Frankl, 1984).

En contraste con esto, una persona cuya vida está dominada por una búsqueda narcisista, relacionada con la carrera o con la aceptación social, carece del sentimiento de plenitud y gratificación emocional que contribuye al sentido existencial. Un propósito narcisista demanda energía y genera estrés. Cuando lo placentero son solo los propios logros, aparecerá un sentimiento de vanidad, que no es ningún buen alimento para albergar en el alma. Ni siquiera la recreación y la relajación pueden llenar la falta de sentido interno y de experiencia de plenitud. Estas actividades solo reemplazan la energía física y psicológica que se ha perdido o dañado. De ninguna manera estas actividades pueden sustituir el sentido personal (subjetivo) y espiritual inherente a ellas.

Desde una perspectiva logoterapéutica, la persona que está bajo la experiencia de un intento de suicidio se cierra a un sentido existencial con respecto a las actividades que encara. Esto significa que el sentimiento de plenitud no se logró. Por ello, el suicidio puede ser descrito como un desorden del bienestar causado por un déficit de plenitud. El sentido de plenitud es el resultado de una vida dominada por la experiencia y la realización de los valores personales (entendidos como valores subjetivos, que se sienten valiosos y atractivos, en contraste con los valores objetivos, del tipo de los valores culturales o sociales).

En otras palabras, la verdadera plenitud en la existencia será trabajar con placer e interés en un proyecto, la mejor protección ante el suicidio, síndrome de aniquilamiento o cualquier desesperanza en la vida, sin caer en entusiasmo o infundado idealismo, de idealización y de esperanza —a veces ilusoria— de felicidad y de éxito (Cherniss, 1980) (ver Tabla 1).

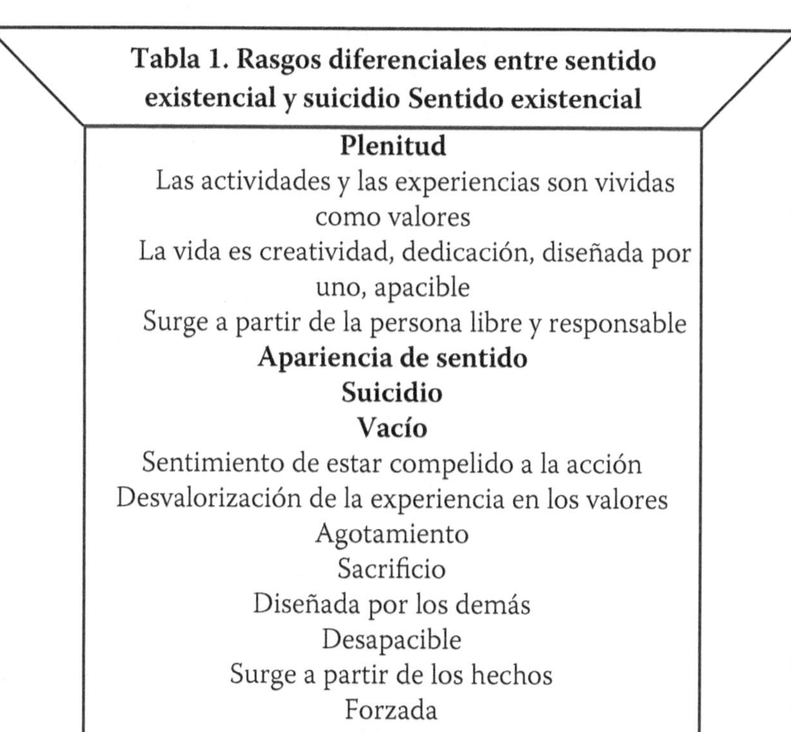

Tabla 1. Rasgos diferenciales entre sentido existencial y suicidio Sentido existencial

Plenitud

Las actividades y las experiencias son vividas como valores

La vida es creatividad, dedicación, diseñada por uno, apacible

Surge a partir de la persona libre y responsable

Apariencia de sentido

Suicidio

Vacío

Sentimiento de estar compelido a la acción

Desvalorización de la experiencia en los valores

Agotamiento

Sacrificio

Diseñada por los demás

Desapacible

Surge a partir de los hechos

Forzada

Obligada

Lo que conduce a la gente hacia el extremo del síndrome del aniquilamiento o de un suicidio no procede directo de estar al servicio de un proyecto o una causa, sino de miras subjetivas, tales como carrera, influencias, reconocimiento, ingresos, aceptación social, obligaciones o incluso por objetivos impuestos (de los que a cualquiera le gustaría liberarse). Aun cuando parecieran motivos desinteresados, tales como los religiosos o de voluntariado humanitario impulsados por una buena causa, pueden resultar en discrepancia relacional con el proyecto en sí mismo. Una persona que se acerque a una tarea con una orientación como esta podrá no estar motivada por el valor sustancial del trabajo, sino por alguna otra consideración externa.

Por lo tanto, el hecho de brindar ayuda para ese trabajo específico no será aceptado por ser un humano particular o por una tarea concreta, pues es frecuente que personas y tareas se confundan y se cambie una en lugar de la otra. Entonces, el verdadero propósito pasa a ser la actividad por sí misma y ya no por el valor inherente al proyecto. En estos casos no hay una dedicación genuina de la persona al proyecto. Por ello, podemos hipotetizar que el síndrome del aniquilamiento y el suicidio no son el resultado de una motivación en sustancia, sino solo en su forma externa, ajena al proyecto y debida a motivos egoístas, y por eso conduce a una dedicación aparente.

Cuando una persona se siente poco atraída y más bien compelida a realizar una actividad específica o un proyecto, el valor de la experiencia no es vivenciado y está ausente. Estar demasiado motivado, alejado de los valores inherentes a las actividades y proyectos, en realidad sugiere que podría haber un déficit subyacente de raíz psicológica. Un análisis formal de las motivaciones nos conduce a una hipótesis teórica: en la dinámica de la génesis del síndrome del aniquilamiento y suicidio, las acciones son en su mayoría aceptadas por necesidades subjetivas y solo de forma secundaria por necesidad objetiva (Hernández, 2006).

En relación con estos fenómenos de desgaste y suicidio, tales necesidades subjetivas pueden ser invisibles por un largo período de tiempo, tal como Maslach describe a los trabajadores idealistas, que se dedican a un gran proyecto con devoción, convicción y dedicación.

5

El estilo de vida y soporte familiar

El estrés es definido como una respuesta o reacción exagerada e inapropiada a una situación. Su acumulación produce una disminución en la productividad, enfermedades fisiológicas y, en ocasiones, la muerte de la persona que lo padece (Familioni, 2008). En concreto, la teoría de los modelos mentales (Johnson-Laird, 1983, 2001; Johnson-Laird y Byrne, 1991), en lo fundamental, viene a proponer que el proceso de razonamiento constaría de las siguientes etapas analizando el estrés:

1. **Comprensión de las premisas:** el razonador construye un modelo mental para cada premisa y procede a unificarlos en un modelo mental integrado. Este modelo vendría a reflejar la forma en que sería el mundo si las premisas fueran verdaderas (lo que se piensa).
2. **Descripción:** el razonador intenta proporcionar una descripción provisional de lo que «ve» en el «cuadro» forjado en la etapa anterior. Formular una descripción es análogo al proceso de deducir una conclusión a partir de las premisas (de lo que se cree, sea o no verdadero).
3. **Validación:** el razonador, en busca de la validez, va a tratar de objetar la descripción provisional alcanzada y, con este fin, procederá a forjar un modelo integrado alternativo para refutar la descripción o conclusión precedente. En caso de lograrlo, dicha descripción se desecharía y se reiniciaría el proceso de validación (que generará o no estrés).

En el personal de la salud, el problema del estrés es un tema relevante y de interés, debido al tipo de trabajo que desempeñan médicos, enfermeros, psiquiatras, psicólogos, etc. (Schmitz, 2012), desencadenando reacciones adversas como suicidios. Según la Fundación Americana de Prevención al Suicidio, existe un 70 % en médicos de género masculino con esta problemática, mientras que en el género femenino de esta profesión se eleva hasta un 250 a 400 %. La mayor causa que ha conllevado a ello ha sido el estrés y la depresión (Schmitz, 2012).

En el gremio de la salud, existen factores que conllevan o producen el desarrollo de estrés, como las expectativas sociales y el ambiente administrativo-institucional. Esto se detecta como síndrome de ***burnout***, término creado por Felton (Marraw, 2009) que consiste en una triada de elementos: cansancio emocional, despersonalización y baja productividad. Se desarrolla en profesionales de la salud que se muestran bajo estrés y que termina, en algunos casos, en suicidio.

Es necesario moderar el exceso de trabajo institucional en los profesionales de la salud, al igual que considerar los días feriados como descansos, reconfortar este grupo social, dejar de darles un alto peso monetario y desarrollar un mejor ambiente laboral. Las autoridades de cada institución tienen la responsabilidad de proveer las herramientas mínimas requeridas para mejorar el desempeño laboral y de servicio.

En el equipo de salud se han detectado, desde su formación, problemáticas de alcohol, drogas, inestabilidad emocional y familiar, así como grados de estrés (Calabrese, 2006). Esto fue motivo de estudio desde 1978 a 2002, y se encontraron los mismos factores. Aunado al estrés que la profesión implica, dichos estudios destacan la importancia de medidas de prevención holística.

Todos los factores mencionados han originado intentos y consumación de suicidio en el gremio médico, pero no han sido del todo considerados como importantes en su prevención y estudio (Campbell, 2001). Tal parece que tendremos que analizar al sujeto que presenta sus propios antecedentes personales y lo que ha ocasionado su estilo de vida para comprender la interrelación entre lo que piensa y lo que el medio le ofrece con el fin de solucionar o no sus angustias o problemáticas.

El Diccionario de Psicología de F. Dorsch (1978) define subjetividad como «la cualidad de lo que existe solamente para el sujeto, para la conciencia del que lo experimenta». Desde la perspectiva hermenéutica —asumida por los autores—, se define como subjetividad el conjunto de efectos de representación que inscriben sobre la conciencia del sujeto los discursos instituidos por la sociedad, ofreciendo modelos identificatorios ideales, de acuerdo con los contenidos que tales modelos otorgan al mundo exterior (Le Fur, 2001). En este sentido, Milano (1999) refiere que la subjetividad se construye en un espacio tanto intra como intersubjetivo.

El proceso de construcción de subjetividad resulta de la particular trayectoria de vida del sujeto en tanto agente portador de reglas y recursos estructurados por la sociedad con capacidad de modificar sus condiciones objetivas y simbólicas de existencia. Este proceso nunca sucede de un modo que por fuerza sea racional para la persona (Giddens, 1979), a la vez que la construcción de subjetividad no tiene lugar al margen de las condiciones de existencia que estructuran la capacidad de representación simbólica que el sujeto hace de sí y del mundo (Bourdieu, 1979), ni al margen de las consecuencias no deseadas de su acción en un marco dado de relaciones sociales (Giddens, 1979).

A esta altura, resulta necesario destacar una distinción entre las nociones de subjetividad y sujeto. Mientras la subjetividad se refiere a la forma peculiar que adopta el vínculo humano-mundo en cada individuo, el sujeto no se caracteriza solo por ser portador de una identidad, sino por su capacidad de actuar, convenir, acordar en el seno de una comunidad y producir un imaginario social, operando desde y hacia su propia subjetividad.

La subjetividad no se construye por proyección social ni por el mero efecto de las relaciones con los otros (enfoque socio-genético). La subjetividad se conforma a partir de la experiencia relacional del sujeto y de su significación según esquemas cognitivos configurados por la sociedad. Se argumenta que el trabajo no solo hace posible la reproducción biológica de la vida, sino que su ejercicio involucra también la actualización de importantes potencialidades humanas (Sen, 1997).

Así, la falta de empleo no solo constituiría un fracaso. En este punto, resulta conveniente introducir la noción de «estructura de socialización» como una dimensión a partir de la cual es posible reconocer un conjunto de factores de naturaleza social que condicionan la capacidad de la persona de optar por modos de satisfacción, sea en términos de acceso a recursos o de percepción de necesidades y preferencias. El proceso de socialización es un vehículo de clasificación y diferenciación de derechos y deberes que se cristalizan en identidades. Si bien es cierto que las personas toman decisiones a partir de unas dotaciones psíquicas ubicadas en un campo particular de valores, reglas de intercambio y significados, lo hacen siempre desde y hacia las relaciones sociales en las que participan y según su disposición de recursos materiales y simbólicos (Giddens, 1979).

De acuerdo con esto, es posible reconocer en el suicida o en el que lo intenta diferentes grupos (familia, educación o cultura, por ejemplo), inserciones institucionales o categorías sociales con capacidad de estructurar los procesos de construcción de subjetividad. Este es un esquema de análisis de uso habitual en psicología que está en sintonía con el concepto de segmentariedad (Lourau, 1970) o, mejor aún —aunque menos conocido—, con el concepto de configuración subjetiva (Malfé y Galli, 1996).

El interés principal de este apartado es entender el modo y sentido en que determinadas condiciones de socialización influyen sobre las representaciones de malestar/bienestar subjetivo en referencia a diferentes ámbitos relacionales del sujeto: la vida familiar, la actividad laboral, las relaciones con los otros y los logros personales. Su objeto es identificar el tipo de relaciones predominantes entre las dimensiones consideradas y evaluar su representación en fenómenos sociales, uno de ellos el suicidio.

Ahora bien, el síndrome de aniquilamiento o de desgaste se refiere a un estado de agotamiento emocional, físico y mental grave en el que la persona se derrumba a causa del cansancio psíquico o estrés que surge de la interacción social y ante una rutina laboral. Acostumbra a presentarse en personas que, por su profesión, suelen ocuparse de los demás, como doctores, enfermeras, maestros, etc. Se produce una despersonalización, una reducción de su capacidad personal habitual, como si ya no estuvieran tratando con personas. Esta situación se ha ido produciendo durante un largo periodo de tiempo, y al final la persona se encuentra en un estado de incapacidad para seguir trabajando (DSM-IV, 2010).

Esta problemática ha sido retomada por psicólogos, pedagogos y filósofos, pasando desde la psiquiatría hasta la medicina familiar, y se ha estudiado en todos los estados de la República Mexicana (Hernández, 2006). Entre los principales resultados de estas investigaciones destaca, según Alcocer (2002), que el síndrome se presenta en doctores y doctoras, sin soslayar que la mujer es más vulnerable a desarrollarlo por las jornadas domésticas añadidas a sus obligaciones laborales. Tal desgaste se presenta en personal de la salud de instituciones públicas o privadas.

Autores como López (2008) señalan que en el personal médico se manifiesta desgaste emocional y despersonalización. El rango de edad que se ha considerado factor de riesgo oscila entre los treinta y cinco y cincuenta y cuatro años. Muestra consecuencias no solo psicológicas o físicas, sino también sociales en cambios de conducta o comportamiento inadecuado.

Considerando lo anterior, la edad señalada en el grupo médico para desarrollar este desgaste emocional que puede conducir a intentos de suicidio entra dentro del rango señalado por el

INEGI (2010) como de mayor incidencia para desarrollar ideas suicidas e intentar consumar dicho pensamiento. Casi siempre tienen antecedente de depresión o de una enfermedad crónica poco curable. Entre otros factores para intentar suicidarse está tener antecedentes de adicción al alcohol o drogas, sobre todo en la gente joven.

Se ha dicho por estudios internacionales que la idea suicida es un importante factor de riesgo para un intento de suicidio en todas las edades, razas y estados socioeconómicos, demostrando que existe un conflicto interno y que guarda relación íntima con sentimientos como la desesperanza y la depresión.

En general, el sujeto que ha intentado suicidarse constituye un desafío tanto para el médico como para el psicólogo y sociólogo, ya que se requiere desentrañar toda una trama biopsicosocial que hoy en día se presenta dentro del mismo equipo de profesionales de la salud, quienes son testigos y víctimas del fenómeno a estudiar. Se reconoce que, si el intento de suicidio pudiera prevenirse al identificar al sujeto con idea suicida, sería posible alertarnos ante el desgaste emocional capaz de ser un factor de riesgo para conllevar dichos intentos.

En la práctica, hay siempre una superposición de estos grupos: entre el 25 y el 40 % de los suicidas consumados ya habían intentado en ocasiones anteriores, conociéndose que entre el 1 y el 2 % de ellos logran su propósito. Así, podemos decir que el intento de suicidio representa un riesgo cien veces mayor que el de la población general. Otros datos no bien conocidos son la repetición de los intentos, que son frecuentes, ya que se estima que entre el 18 y el 25 % lo intentará de nuevo antes de que pasen dos años de la primera vez. En el personal médico, no se conocen cifras exactas de los intentos y las causas precisas de la motivación para hacerlo (García, 1996).

El suicidio rebasa las fronteras y el tiempo, pues en todas las épocas y lugares donde ha existido el ser humano aparece este fenómeno. Es evidente que, por cuestiones de tipo religioso o social, quede oculto, ya que incluso en algunas religiones está prohibido. Además, hay que agregar las condiciones legales que trae consigo.

El suicidio puede ser el resultado de un deterioro del funcionamiento mental o cognitivo. El estigma social es una importante causa de inadecuada rehabilitación en muchos procesos. En suma, el efecto neto de la correcta rehabilitación ante esta situación en determinado individuo o familia depende de la interrelación entre el tipo de ideología suicida y el rol que desempeñaba el familiar antes de verse afectado por ella, valorando su estructura familiar, su flexibilidad y sus recursos emocionales y económicos (Rolland, 1994).

En el caso del suicidio, será importante evaluar el sistema familiar. Podemos citar a Rolland (1994), quien propone cuatro áreas para analizar en el funcionamiento familiar: el tipo de organización de la familia, procesos de comunicación, el ciclo de vida familiar y el sistema de creencias de la familia.

No se afirma que sea el intento de suicidio lo que provoque la marginación social, no lo realiza por sí mismo o de manera directa. La cuestión aquí es más bien la concepción que se tiene lo que produce esa marginación, tal vez en gran medida influenciada por la cultura en la que se está inmerso, puesto que el valor de las personas va en función de su utilidad o capacidad de producción. En este sentido, en un primer acercamiento, los suicidas pueden ser considerados locos.

La gran competitividad e inseguridad laboral, así como las exigencias del medio, los cambios trascendentales en los enfoques de la vida y las costumbres condicionan un ritmo vertiginoso que genera angustia, agotamiento emocional, trastornos en los ritmos de alimentación, actividad física y descanso, con dolencias físicas y psíquicas y factores de riesgo en la salud de los individuos del nuevo milenio (Jong, 2008).

El síndrome del aniquilamiento se ha relacionado con la ideación o intento suicida debido a que puede ser un factor importante para desencadenar de forma evolutiva la muerte (Sadock, 2012).

La alta prevalencia de intentos de suicidio ha iniciado con síndromes emocionales como el del aniquilamiento y su posible influencia en el pronóstico y la supervivencia de estos individuos. Aunque no hay evidencia suficiente o actualizada de que el síndrome puede ser indicador de tendencia al suicidio, un estudio similar informó que aquellos que fueron detectados con este síndrome habían incurrido en suicidio (Rosado, 2011).

La relación entre el síndrome del aniquilamiento y el suicidio no se ha definido de manera contundente; sin embargo, está demostrado que las alteraciones emocionales en la persona van acompañadas de ansiedades y depresiones hasta causar trastornos anímicos y de conducta, mostrando un deterioro laboral, social y familiar (Tollefsen, 2012). Si bien no existen suficientes datos que apoyen esta relación, pudiera ser un indicador para disminuir tendencias suicidas a nivel laboral. Algunos estudios han demostrado un aumento de suicidios debido a circunstancias laborales que generan estrés incontrolable en el individuo (Shay-Lee, 2012).

Sen (1997) encontró que la frecuencia de suicidios fue mayor en aquellas personas con trabajos que generan constante estrés o altas responsabilidades, lo que provoca efectos colaterales emocionales, por lo que se pierde noción entre lo que se debe hacer y lo que se puede hacer.

El suicidio se ha convertido en un problema de salud pública que ha sufrido un incremento en las últimas décadas (Chávez, 2004; Calvo, 2003; Puentes, 2004).

Encontramos que la alteración en la dinámica familiar representaba el más importante riesgo, informada en estudios realizados en población adolescente (Herrera, 2000). Aunque en investigaciones en población general (Tuesca, 2003) se indica como riesgo, no es tan representativa como en nuestro estudio. Otros factores como la depresión, ansiedad y trastornos psiquiátricos previos, si bien encontrados también en el nuestro, no superaron el riesgo que representa la pérdida de sentido de vida y una dinámica familiar alterada.

Es importante reconocer el papel de la familia dentro de nuestra cultura, siendo tal vez uno de los motivos por los que desempeña un papel tan relevante como factor de riesgo para intento de suicidio, no así en la sociedad europea o americana, sobre todo en población adulta y adultos mayores. Al realizar el ajuste de los factores de riesgo de nuestro estudio por desgaste emocional y sentido de vida, podemos observar que las variables que mostraron diferencias significativas entre los grupos fueron los factores familiares (disfunción y desintegración), que se incrementaron de forma importante. También notamos que los riesgos familiares para intento de suicidio presentaban gradiente biológico, al menos en los dos casos detectados en este grupo de médicos.

Evaluamos otros factores, como antecedentes de trastornos psiquiátricos, toxicomanías, alcoholismo, comorbilidades, estado civil, nivel socioeconómico, tipología familiar, que, en análisis de poblaciones mayores (González, 1995; Kessler, 1999), representan riesgo para intento de suicidio. En nuestro estudio, no encontramos que constituyeran un riesgo, lo que no significa que no sean factores de riesgo, pero consideramos que son de riesgo menor en comparación con lo que representa la dinámica familiar alterada (violencia intrafamiliar, desintegración, disfuncionalidad) y los rasgos psicopatológicos previos (depresión, ansiedad, baja autoestima y síndrome del aniquilamiento).

Nuestra investigación permite observar con claridad que el desgaste emocional y la dinámica familiar son dos factores clave para la presencia de intento de suicidio. Opinamos que son necesarios futuros estudios con muestras mayores que consideren el ajuste de factor de riesgo, sobre todo del síndrome del aniquilamiento, sin dejar de lado la disfunción familiar y la depresión, por factores como la gravedad del intento de suicidio (método utilizado, si se tomaron medidas para no ser auxiliado o letalidad del intento).

Es necesario trabajar en estrategias que tengan efectividad en mejorar el síndrome del aniquilamiento, la dinámica familiar y las psicopatologías mencionadas, con el fin de disminuir el intento de suicidio y el suicidio, con un prototipo de las condiciones que no se pueden tratar sino prevenir (Calvo, 2003).

Las motivaciones o proyecto de vida están catalogadas también como indicadores de estado de salud. La formación escolar, el entorno estimulante, las condiciones de la motivación y el soporte social nos pueden orientar sobre las posibles motivaciones, necesidades e intereses de la persona con ideaciones suicidas, que expresan el nivel existencial y relacional de su vida, al igual que las posibles realizaciones de su vida futura. Frankl (1988) afirmaba que la lucha por encontrar un sentido a la propia vida o una motivación constituye la primera fuerza en el hombre. La carencia de motivación es un indicador de desajuste emocional, llamándose «vacío existencial», y parece estar vigente en aquellos que piensan, intentan y consuman el suicidio (Frankl, 1999).

Es preciso tener en cuenta estos indicadores para comenzar el proceso de estimulación de la persona que intenta suicidarse y propiciarle un espacio para realizar su vida en un contexto determinado donde puedan conocerse e identificarse sus necesidades sociales y apoyar su crecimiento.

La salud mental es algo más que la ausencia de síntomas, como hemos visto; es la capacidad de trabajar, de desarrollar las potencialidades del ser en su esencia y sentido. Puede relacionarse con una inteligencia emocional o social, con el bienestar subjetivo, donde se persigue una felicidad y lo que se desea, es decir, mantenerse integrado y saber responder ante las adversidades (Acevedo, 2002; Vaillant, 2003).

El suicida intenta mantenerse integrado, pero no lo logra; necesita encontrar sentido a la vida en las situaciones adversas que experimenta (Yalom, 1984). Por lo tanto, podríamos deducir que, si estimulamos a este tipo de personas a buscar un sentido a su vida, les ayudaremos a afrontar sus dificultades, a tener mayores satisfacciones y, en definitiva, a gozar de una mejor salud mental.

En esta línea del fenómeno del suicidio, la medida preventiva y de promoción general de salud mental y social la situamos como la alternativa o medida de especial relevancia: el desarrollo de las personas en lo que están llamadas a ser, ayudando a su integración personal, a la participación y a su aportación a la comunidad, contribuirá a un logro interior de sentido individual y social.

Conclusiones

El suicidio y el síndrome del aniquilamiento, así como los indicadores que señalan el comienzo de estos fenómenos en la persona, con frecuencia nacen de la dificultad para desempeñar sus tareas habituales, la interrupción de sus rutinas por falta de atención o de energía, el déficit en la resolución de problemas, el retraso psicomotor y la apatía e indiferencia ante las expectativas de los otros (Butler, 1991), mostrando alteraciones en su capacidad cognitiva, motora y afectiva.

Por eso, las actividades de prevención ante esta problemática tendrán que estar encaminadas a objetivos concretos, planeados junto a aquellos que lo padecen, fomentando independencia, seguridad, estimulación y autoestima, a fin de iniciar una intervención. Esta debe cumplir con lo siguiente: efectuar un examen de sus disfunciones actuales en el desempeño de sus tareas y tener procedimientos breves y fáciles de administrar como medida de contención ante ideaciones suicidas o rasgos de actos suicidas (Eileen, 1987).

Se tendrá que describir el estado funcional de la persona, proveer información de su vida diaria y determinar la competencia para una vida independiente, así como la modalidad psiquiátrica y la valoración de las necesidades fisiológicas. Nuestra intervención deberá basarse en movilidad, cuidados personales, manejo del hogar, recreo y trabajo, evaluando dos dimensiones: la destreza, que comprende la habilidad para completar una tarea, y los hábitos (Reyes, 1997).

Tomaremos en cuenta que, cuando las tareas de la vida diaria comiencen a ser desorganizadas, desequilibradas, inflexibles e inapropiadas en el ámbito social, se volverán indicadores de una tendencia a rasgos suicidas que serán para nosotros la señal de intervenir, basándonos en el ambiente social y apoyando la competencia funcional de la persona (DSM, 1994).

Otro aspecto que no debemos despreciar al intervenir con una persona con síndrome del aniquilamiento inicial son sus creencias o filosofía de vida. La religiosidad promueve, al parecer, una disminución de actitudes suicidas o vacíos existenciales, e incluso funciona como consejería o apoyo socioemocional. Esto se ha observado como un posible complemento de la psicoterapia.

El suicida o la persona que empieza a padecer estos rasgos necesita ser escuchado y experimentar la catarsis, encontrando en ella un soporte emocional y social. Se sabe que cuando una persona percibe que tiene al alcance el apoyo de otros, se incrementa su esperanza, lo que es esencial para la salud (DSM, 1994).

Para ello, es necesario trabajar sobre las concepciones y modos de proceder en la construcción de la felicidad en la persona con tendencia al suicidio o a un síndrome del aniquilamiento, así como identificar las características o necesidades propias de la etapa de vida en la que participa. La institución o su grupo social inmediato debe comenzar a proveerle un entrenamiento en el que se busque un empuje que favorezca su estado de salud, las relaciones interpersonales sanas y las motivaciones hacia la vida, que, por ende, atacarán la soledad y los malos pensamientos (Prieto, 1996).

Estimular el sentido de vida en el grupo social de los seres humanos con este tipo de problemática reforzará muchos de los elementos potenciadores en el área de vida en la que se está identificando un serio conflicto sin resolver, encauzando la intervención o prevención hacia dos vertientes. En primer lugar, el bienestar en el que el sujeto pueda definir cuáles son sus principales motivaciones e intereses y buscar su satisfacción con los demás significativos (la pareja, el amigo, el compañero de trabajo, etc.), ya que es él quien más conoce de sí mismo y, por tanto, quien más puede poner de su parte.

En segundo lugar, tan importante como el primero, nos toca a nosotros, los profesionales, que tenemos el compromiso de promover la salud mental y social en los seres humanos, facilitarle los posibles cambios que el sujeto suicida puede hacer a sus propias necesidades, motivaciones e intereses, responsabilidad que no solo nos toca a nosotros, sino también a la familia y la sociedad.

Se ha venido hablando del suicidio y del síndrome del aniquilamiento, pero ¿qué podemos hacer respecto a ello?

1. Autovaloración adecuada (fortalezas y debilidades).
2. Diversidad (personalidad).
3. Nivel cultural.
4. Reconocimiento de fortalezas y debilidades emocionales actuales.
5. Valoración fisiológica.
6. Evaluación de relaciones interpersonales.
7. Dimensión comunicativa: corregir y capacitar las formas adecuadas de comunicación en grupo.

Estimular a vivir a alguien que está fastidiado de su propia existencia no es un facilismo, sino un estudio que con paciencia e intencionalidad debe adquirir el profesional para aportar todo su potencial a aquel que idea suicidarse y que ha empezado a sentirse agotado de su existencia (síndrome del aniquilamiento). Vivir con un sentido de existencia es aportar y regular experiencias positivas y negativas en un contexto y una situación dada, teniendo en cuenta que existen particularidades que dificultarán un poco ese bienestar existencial, pero que se podrán resolver.

Cicerón, en una de sus sentencias, enunció: «Para tener una larga vida es preciso vivir». Es más evidente que la propia llovizna al caer del cielo lo que nos quiere decir, pero lo que quizás no sea evidente es su construcción y alimentación. La vida se nutre de lo significativo, y esto lo selecciona el hombre en toda su historia individual única e irrepetible, con una filosofía de vida no tan rígida, el amor a la familia y a los amigos (Prieto, 1996).

Por último, aquel que padece de intentos de suicidio y de un desgaste emocional puede recobrar la formación de sus creencias, proyecto y modo de vida, lo que lo volverá a nutrir de contenidos flexibles para una calidad de vida mejorable y sustentable.

La terapia y prevención del síndrome del aniquilamiento y el suicidio se dirige en primer término al alivio de la situación. Sonnek incluye estrategias relacionadas con la persona, la organización laboral o la institución (1994). Estas incluyen, sobre todo, pasos para encauzar la conducta, como reducción de la presión del tiempo, delegación y división de responsabilidades, definición de propósitos realistas, discusión de opiniones normativas, creencias disfuncionales y patrones de pensamiento, y planes para el desarrollo del trabajo eficiente. En todos estos casos, la prioridad está en supervisar y trabajar sobre los temas conflictivos. Por último, se explica cómo tratar la falta de autonomía y los conflictos con la autoridad (Sonnek, 1995).

Al principio, el tratamiento para el síndrome del aniquilamiento y el suicidio se enmarca en un paradigma de análisis en las motivaciones fundamentales de la existencia. Así, la atención en las condiciones externas se desplaza hacia la actitud interna, es decir, aquellos sentidos personales subjetivos que una persona sostiene y mantiene sobre la vida, descubriendo y elaborando en detalle las propias y auténticas actitudes existenciales.

En términos de prevención, Rothbucher (1966) recomienda la meditación existencial, como Längle (1998, pp. 110-119) ha descrito en el capítulo titulado «Anleitungen zu existenzanalytischen Fragen», y Böschemeyer (1988, pp. 140-145) en el capítulo «Anstösse zum sokratischen Dialog». La situación existencial puede ser examinada en este sentido, con posibles patologías y áreas inconsistentes detectadas de manera temprana.

La importancia de las técnicas de relajación y recreación como profilaxis es indiscutible. Por añadidura, es trabajar en específico sobre las actitudes existenciales y las decisiones en cada situación. La relajación y la recreación tendrán un efecto duradero solo después de tomar en cuenta las actitudes y decisiones personales. En la prevención, considerar la personalidad sería de gran ayuda. Las preguntas esenciales para prevenir el síndrome del aniquilamiento y el suicidio podrían redactarse de la siguiente manera, interrogándose a sí mismo:

- **¿*Por qué* estoy yo haciendo esto?**
- **¿*Me gusta* hacer esto? ¿Experimento que esto es bueno y por eso me gusta hacerlo?**
- **¿Obtengo alguna cosa por hacer esta actividad en este momento?**
- **¿*Quiero* vivir para esto que hago? ¿Querré *haber vivido* para esto?**

Entre sus argumentos, Rothbucher cita un poema de Eugen Roth que dice:

Una persona dice —y orgulloso es él—:

«¡Yo he vivido para sus tareas!».

Pero enseguida —y de manera poco feliz—,

él se ahoga en sus tareas.

El peligro del síndrome del aniquilamiento causado por las meras obligaciones puede prevenirse, así como los intentos de suicidio. Una regla basada en la experiencia y la práctica podría ser que, **si alguien destina más de la *mitad* de su *tiempo* a cosas que no le agradan, que no están en su corazón y que no le brindan alegría, tarde o temprano, esa persona será susceptible a presentar *síndrome del aniquilamiento o suicidio*.**

«Síndrome del aniquilamiento» y «suicidio» son términos de moda que describen un fenómeno frecuente en nuestros días. Nuestro tiempo se caracteriza por ser enajenado, demandante y orientado al rendimiento; pero cada día de nuestro presente está también marcado por una falta de compromiso, ya sea en un servicio o en un trabajo. Por ese motivo, el síndrome del aniquilamiento y el suicidio pueden ser comprendidos como la factura que estamos pagando por llevar una vida alienada y alejada de nuestra existencia real. Todo ello está determinado por el carácter demandante y el espíritu consumista que marca nuestra era.

Estamos en esta existencia con la misión de **vivir para mejorar**.

Referencias bibliográficas

Acevedo, G. (2002). Logoterapia y resiliencia. Nous. *Boletín de Logoterapia y Análisis existencial* (6), 23-40.

Alcocer, N. (2002). *Factores relacionados al síndrome de Burnout y a la sintomatología psiquiátrica en residentes de diferentes especialidades médicas.* Facultad de Medicina UNAM.

Almanza Muñoz, J. y Rosado Tapia, N. B. (2011). Prevalencia del síndrome de burnout en una muestra de pilotos aviadores militares mexicanos. *Rev. Sanid Milit Mex 65*(4), 141-147.

American Foundation for Suicide Prevention (AFSP) (2004). Nueva York.

American Psychiatric Association (1994). Diagnostic and Statistical Manual of Mental disorders.

Avilés, K. y Herrera, P. (2000). Factores familiares de riesgo en el intento suicida. *Rev. Cubana Med. Gen. Integral 16*, 134-137.

Bamayr, A. y Feuerlein, W. (1984). *Über den Selbstmord von 119 Ärzten, Ärztinnen, Zahnärzten und Zahnärztinnen in Oberbayern von 1963*-1978. *Crisis 5*, 91-107.

Bandini, H. R. (2010). *Educación en Suicidología: Una mirada al modelo sueco de educación en prevención del suicidio.* Karolinska Institute.

Beck, R. (1974). Cross Validation of Suicidal Intent Scale. *Psychological Reports*, 445-446.

Benjet, C. y cols. (2003). Prevalencia de trastornos mentales y uso de servicios: Resultados de la Encuesta Nacional de Epidemiología Psiquiátrica en México. *Salud Mental 26*, 1-16.

Borges, G. y cols. (1999). Prevalence of and Risk Factors for Lifetime Suicide Attempts in the National Comorbidity Survey. *Arch Gen Psychiatry 56*, 617-626.

Bourdieu, P. (1979). *La distinction.* Les Éditions de Minuit.

Bumphrey, E. (1987). *Occupational Therapy in the Community.* Woodhead. Faulkner.

Butler, R. N. y cols. (1991). *Angin and Mental Health.* Macmillan.

Cabildo (1996). El suicidio como problema de salud mental. *Salud Pública de México*, 441-51.

Calabrese, G. (2006). Impacto del estrés laboral en el anestesiólogo. *Rev Col. Anestesiology 34*(4).

Callahan, P. y cols. (2012). Evidence Map of Prevention and Treatment Interventions for Depression in Young People. *Depress Rest Treat 2012*, 820735.

Calvo, G. y cols. (2003). Prevalencia y factores asociados a ideación suicida en estudiantes universitarios. *Salud Pública de México 5*(2), 123-143.

Campbell, D. A. y cols. (2001). Burnout among American Surgeons. *Surgery 130*(4), 696-705.

Cermeño, C. P. y cols. (2003). Prevalencia de desgaste profesional y psicomorbilidad en médicos de atención primaria de un área sanitaria de Madrid. *Atención Primaria 31*(9), 564-571.

Chávez, A. M. y cols. (2004). Epidemiología del suicidio en el estado de Guanajuato. *Salud Mental 27*, 15.

Cherniss, C. (1980). *Professional Burnout in Human Service Organizations*. Praeger.

Claus, R. (2001). *Eutanasia y suicidio: cuestiones dogmáticas y de política criminal.* Comares.

Cooper, P. (1994). Identifying Suicidal Ideation in General Medical Patients. *JAMA*, 1757-69.

Defraites, R. y cols. (2012). Mental Disorders and Mental Health Problems, Active Component, US Armed Forces, 2000-2011. *MSMR 19*, (9).

Dickinson, M. E. y cols. (2006). *El síndrome de desgaste profesional burnout en médicos mexicanos.* Depto. de Medicina Familiar. Facultad de Medicina UNAM.

Diekstra, R. (1993). The Epidemiology of Suicide and Parasuicide. *Acta Psychiatric Scand*, 9-20.
Dorsch, F. (1978). *Diccionario de Psicología*. Herder.
Durkheim (1928). *El suicidio*. Trad Asp. Reus.
Durkheim (1998). *El suicidio* (5ta. Ed). Akal.
Eguiluz, L. (2005). *Ante el suicidio: su comprensión y tratamiento*. Oceáno.
Estruck, J. y Cardus, S. (1982). *Los suicidios*. Herder.
Familioni, O. B. (2008). An Overview of Stress in Medical Practice. *Afr. Health Sci. 8*(1), 6-7.
Farmer, R. (1987). Hostility and Deliberate Self-Poisoning: The Role of Depression. *British Journal of Psychiatric*, 35-40.
Farre, M. (1999). *Diccionario de Psicología*. Oceáno.
Fernández, A. (1989). *Psicología médica y social*. Salvat.
Ferri (1934). *Homicidio-suicidio*. Reus.
Fisch, R. y cols. (1976). *Cambio. Formación y solución de problemas humanos*. Herder.
Frankl, V. (1959). «Grundrider Existenzanalyse und Logotherapie» en Frankl, V. y cols. (1959) Handbuch der Neurosenlehre und Psychotherapie. *Urban & Schwartzenberg*, 663-736.
Frankl, V. (1983). *Theorie und Therapie der Neurosen*. Reinhardt.
Frankl, V. (1988). *El hombre en busca de sentido*. Herder.
Frankl, V. (1998). *La voluntad de sentido*. Herder.
Frankl, V. (1999). *El hombre en busca de sentido último*. Paidós.
Freudenberger, H. J. (1974). The Staff Burnout Syndrome in Alternative Institutions. *Psychiatric Theory Res Pract 12*, 72-83.
Freudenberger, H. y North, G. (1992). *Burn-out bei Frauen*. Frankfurt.
Galli, V. y Malfé, R. (1996): «Desocupación, identidad y salud» en Beccaria y López (1996). *Sin trabajo*. UNICEF/Losada.
García, D. (1996). Algunos aspectos epidemiológicos del suicidio en Jalisco. *Salud Pública de México*, 195-211.

García, J. B. (2004). *Comportamientos suicidas: prevención y tratamiento.* Psiquiatría Editores.

Giddens, A. (1979). *La constitución de la sociedad.* Amorrortu.

Gómez, C. y cols. (1995). Indicadores psicosociales asociados con la ideación suicida en los adolescentes. *Instituto Mexicano de Psiquiatría. Reseña de la IX Reunión de Investigación 5,* 135-139.

González, R. F. (2000). *La personalidad, su educación y desarrollo.* Editorial Ciencias Sociales.

Haney, E. M. y cols. (2010). *Suicide Risk Factors and Risk Assessment Tools: A Systematic Review.* PubMed.

Harter, S. y Rolland Renick, M. (1994). *Impact of Social Comparisons on the Developing Self-Perceptions of Learning Disabled Students.* Ed psychol.

Hem, E. y cols. (2012). The Reliability of Suicide Statistics: A Systematic Review. *BMC Psychiatry 2012,* 12-9.

Instituto Nacional de Estadística y Geografía Informática (INEGI) (2010). *Datos de suicidio.* Borges y Gorenc Artículos.

Jackson, S. E. y Maslach, C. (1981). The Measurement of Experienced Burnout. *J. Occup. Beh. 2,* 99-113.

Johnson-Laird, P. N. (1983). *Mental Models.* Cambridge University Press.

Johnson-Laird, P. N. (1991). Deductive Reasoning. *Annual Review of Psychology 50,* 109-135.

Johnson-Laird, P. N. y Byrne, R. M. J. (1991). *Deduction.* Lawrence Erlbaum.

Johnson-Laird, P.N. (2001). Mental Models and Deduction. *Trends in Cognitive Science 5,* 434-442.

Jong-Min, W. y Postolache, T. (2008). The Impact of Work Environmental on Mood Disorders and Suicide: Evidence and Implications. *Int. J. Disabil Hum Dev. 7*(2), 185-200.

Karazmann, R. (1994). Das Burnout-Sybndrom. Phänomenologie, Verlauf, Vergleich *Vortrag an der österreichischen van Swieten-Tagung vom 27*(10).

Klader, A. J. y Schaap, C. P. (1993). Burn out: Diagnostik und Behandlung. *Verhaltenstherapie und psychosoziale Praxis 1/93*, 45-61.

Langle, A. (1988). «Existenzanalyse» en Längle, A. (1988). *Entscheidung zum Sein. Viktor E Frankls Logotherapie in der Praxis*. Piper, 97-123.

Langle, A. (1994). Sinnvoll leben. Angewandte Existenzanalyse. *St. Pölten: NPVerlag, 4*.

Langle, A. (2006). El burnout (desgaste profesional), sentido existencial y posibilidades de prevención. *Rev. de Psic. UCA. 2*(3).

Le Fur (2002). *Del Malestar en la cultura al malestar en el mercado. Documento de investigación.* Departamento de Investigación Institucional, UCA.

Llano, A. (1984). *La ciencia al encuentro de la vida humana.* Boseat.

Lolos, F. (1988). Relaciones entre hostilidad verbal, depresión y desesperanza en una muestra de pacientes con ideación suicida. *Revista Chilena de Neuropsiquiatría*, 22-25.

López, A. y Murray, C. (1997). Alternative Projections of Mortality and Disability by Cause, 1990-2020: Global Burden of Disease Study. *Lancet 349*, 1498-1504.

López, B. y cols. (2008). Estrés de rol, implicación con el trabajo y burnout en soldados profesionales españoles. *Rev. Lationamericana de Psic 40*(2), 293-304.

López-Ibor, J. (1988). The Involvement of Serotonin in Psychiatric Disorders and Behavior. *British Journal of Psychiatric*, 26-39.

López, L. y cols. (2004). La mortalidad por suicidios: México 1990-2001. *Revista Panamericana de Salud Pública 16*(2), 102-109.

Lourau R. (1970). *Análisis institucional.* Amorrortu.

Manassero, M. (2003). *Estrés y burnout en la enseñanza.* Universidad de les Illes Balears. Ed. Psicología.

Marraw, M. C. (2009). El síndrome de quemarse por el trabajo (burnout), en el marco contextualizador del estrés laboral. *Univ. Nac. Sn. Luis-Argentina. X* (1), 167-177.

Marshall, J. (1991). Socialphobia Postgraduate Medicine. *Socialphobia*, 187-190.

Martínez, D. J. (2008). *Depresión en ancianos*. Clínica de San Francisco.

Martínez, L. (1985). Revisión del tema: Intento de suicidio en los niños, un fenómeno psicosocial. *Salud Mental*, 23-26.

Maslach, C. (1982). *Burnout: The Cost of Caring*. Engelwood Cliffs NJ.

Maslach, C. y Maslach, J. (1986). *Burnout inventory.* Manual Research Edition.

Medina Mora, V. J. (1994). La relación entre la ideación suicida y el abuso de sustancias. Resultados de una encuesta en la población estudiantil. *Instituto Mexicano de Psiquiatría*, 7-14.

Milano, M. (1999). *Creatina*. Editorial Medigma.

Moutier, C. (2012). The Suicide Prevention and Depression Awareness Program at the University of California. *San Diego School of Medicine Acad Med 87*(3), 320-6.

Navarro, E. y Tuesca, R. (2003). Factores de riesgo asociados al suicidio e intento de suicidio. *Salud Uninorte 17* (19), 28.

Pérez Jáuregui, M. I. (2001). «El síndrome de burnout ("quemarse" en el trabajo)» en Los profesionales de la salud. *Facultad de Psicología y Psicopedagogía de la Universidad del Salvador 2*(5). http//www.salvador.edu.ar/publicaciones/pyp/12/ual-9pub03-12-06.htm.

Pierce, D. (1981). Predictive Validation of a Suicide Intent Scale. A Five-Year Follow-Up. *British Journal of Psychiatric*, 391-396.

Pöldinger, W. (1994). Das Burnout-Syndrom. Eine Bedrohung nicht nur für das Medizinpersonal. *Der Mediziner 6*, 54-56.

Prieto, R. y Vega García, E. (1996). *Duración de la vida humana*. Temas de Gerontología. Editorial Científico-Técnica.

Ramón, A. (2003). *Historia del suicidio en Occidente.* Península.

Reyes-Ortiz, C. A. (1997). Psychosocial and Spiritual Supports in Coronary Disease. *J. Am Geriatric Soc. 45*, 1412.

Sadock, B. J. (2012). Inevitable Suicide: a New Paradigm in Psychiatry. *J. Psychiatry Practice 18*(3), 221-4.

Saltijeral, M. (1986). El intento de suicidio en adolescentes mexicanos: Algunos factores clínicos y sociodemográficos significativos. *Salud Pública de México*, 28-48.

Saltijeral, M. (1987). Epidemiología del suicidio y parasuicidio en la década de 1971-1980 en México. *Salud Pública de México*, 345-360.

Schmitz, G. R. (2012). Strategies for Coping with Stress in Emergency Medicine: Early Education Is Vital. *J Emerg. Trauma shock* 5(1), 64-69.

Selby, E. y cols. (2010). Overcoming the Fear of Lethal Injury: Evaluating Suicidal Behavior in the Military through the Lens of the Interpersonal-Psychological Theory of Suicide. *Clin Psychol Rev. 30*(3), 298-307.

Sen, A. (1997). Desigualdad y desempleo en la Europa contemporánea. *Revista Internacional del Trabajo 116*(2). Organización Internacional del Trabajo.

Shay-Lee, B. y cols. (2012). Are Canadian Soldiers More Likely to Have Suicidal Ideation and Suicide Attempts. The Canada Civilians. *American Journal of Epidemiology 172*(11).

Sonneck, G. (1994). Selbstmorde und Burnout von Ärzten. Z. f. *Ärztliche Fortbildung Zaf* 7 (3/4), 22-28.

Sonneck, G. (1995). Das Burnout-Syndrom. *Promed 1*, 8-9.

Stedman (1999). *Diccionario de Ciencias Médicas.* Oceáno.

Terroba, G. (1987). El consumo de alcohol y su relación con la conducta suicida. *Salud Mental*, 92-97.

Vaillant, G. E. (2003). Mental Health. *The American Journal of Psychiatry 160*(8), 1373.

Yalom, I. D. (1984). *Psicoterapia existencial.* Herder.

Guía de preguntas del manual de prevención y atención al suicidio

La definición de suicidio, desde el punto de vista etimológico, significa la muerte de sí mismo. Por otra parte, el *Diccionario de la lengua española* lo define como «quitarse la vida». Según puede observarse, estas definiciones resultan ambiguas, porque podrían incluir entre los suicidios las muertes accidentales. Un ejemplo sería la muerte del conductor de un automóvil en un accidente o la de un cazador que se dispara por accidente. Entonces, algunos autores han intentado definir con mayor exactitud lo que es el suicidio. En mi concepto, la descripción de Desahies hace una referencia más clara al afirmar que el suicidio es la muerte intencional de sí mismo. Al agregar la intención, se eliminan aquellas muertes accidentales.

Pero ¿no habrá algo más que una controversia entre lo individual y lo social en el tema del suicidio? Para nosotros es evidente que, siendo el suicidio algo del todo personal, los factores que al romper la ecología comunitaria inciden de forma patológica en el hombre no deben ser olvidados o desconocidos, pero jamás pueden alcanzar la intensidad necesaria para convertir el suicidio en un acto obligado. Ahora bien, tanto en la persona como en la sociedad gravita un factor distinto. Ese factor es, a ambas escalas, el concepto que se tenga de la vida. Tanto es así que frente al suicidio no es posible, como ha dicho Ferri (1934), la discusión entre positivistas y «naturalistas».

Para los primeros, el suicidio, aun siendo una desgracia, es un hecho natural, puesto que se da en la naturaleza, y no puede ser calificado de inmoral, sino de lícito. Olvidan los positivistas que lo natural no puede confundirse con lo normal o ajustado a la recta razón, y que lo anormal y no ajustado a la recta razón, aunque se produzca en la naturaleza, es contrario a su ordenamiento. Por otro lado, el suicidio, en cuanto es una evasión de los deberes sociales, implica una ilicitud por huida, como lo supone la deserción en el Ejército.

La incidencia del factor religioso es, por consiguiente, fundamental en el tema del suicidio tanto en la esfera de la persona como en la de la sociedad. Una sociedad secularizada, en la que las vivencias y prácticas religiosas se olvidan o combaten, hace decrecer la religiosidad de los ciudadanos y su creencia en la inmortalidad del alma. Por eso los suicidios crecen conforme la sociedad se separa de Dios. Si Dios no existe, podríamos concluir, como lo hace Dostoievski, que todo es lícito.

Sentado esto, ¿podrá afirmarse que el suicida es un demente? También aquí las posturas difieren, pues mientras un grupo de biólogos considera que en todo caso el suicida nace y no se hace, y es un perturbado mental, al menos con carácter transitorio en el momento de cometerlo, víctima de una tara genética o hereditaria, otros entienden que esta generalización es insostenible y que, por el contrario, el suicidio suele realizarse en un estado de «insoportable lucidez mental» (Ferri, 1934).

El problema envuelve, como es lógico, la responsabilidad moral del suicida, y en todo caso, exige un examen cuidadoso del hecho, ya que, como ha señalado Estruck (1982): «El suicidio raras veces es el fruto de una conducta impulsiva, siendo más bien el resultado de una decisión largamente meditada y elaborada hasta en sus mínimos detalles de ejecución».

La verdad es que se suicidan sanos y enfermos, dementes y no dementes. La estadística nos ofrece que tan solo entre el 10 % y el 20 % de los suicidas son locos. Aun pudiendo existir un «síndrome presuicida», el suicidio puede ser evitado. Las penas eclesiásticas contempladas para los suicidas ponen de relieve que no todo suicida es un demente irresponsable de su autodestrucción.

¿Qué hay que hacer?

Primero que nada, detectar pensamientos o conductas como:

a. Morir es lo mejor para dejar de sufrir.
b. En la familia ya ha sucedido el suicidio y lo tengo presente.
c. Existe gente deprimida en la familia y pienso como ellos.
d. Cambios repentinos en el hábito de dormir y comer.
e. Retraimiento de los amigos, la familia y actividades habituales.
f. Duelo prolongado por la pérdida de un objeto, persona o situación muy significativa.
g. Consumo excesivo de bebidas alcohólicas y/o drogas.
h. Escuchar voces que instruyen dejar de vivir.
i. Desgaste emocional o laboral.

Medidas a implementar ante una vez detectado lo anterior

Lo mencionado son señales de que esta persona necesita con urgencia saber que es estimada y que es importante para quienes la rodean. Entonces, podemos tomar las siguientes medidas:

a. Mantengamos la calma y mostremos un canal empático con la persona, escuchando su sentir en estos momentos.
b. Pongamos en práctica el saber escuchar sin recriminar ni imponer; al contrario, hagamos equipo con quien necesita sentirse acompañado.
c. Tengamos claridad al dirigirnos a la persona para que podamos incentivar su expresión de sentimientos y emociones.

d. Demostremos interés genuino, mostrándole que de verdad nos importa.
e. Ganemos tiempo para ayudarlo de manera profesional mientras explora otras alternativas para resolver lo que considera grave y sin remedio.
f. Ofrezcámosle apoyo para que juntos podamos encontrar una solución a lo que sucede.
g. Si el riesgo es alto, mantengámonos junto a la persona o, de ser necesario, acompañémoslo hasta la ayuda profesional.
h. Demos continuidad al proceso de solución de la persona detectada, asegurándonos de que reciba el apoyo adecuado y necesario.

¿Cómo prevenir un intento suicida?

La salud mental requiere un estado emocional equilibrado. El suicidio parece ir atado a depresiones que incluyen síntomas psíquicos y corporales, entre ellos las alteraciones del humor, entendidas como trastornos del estado de ánimo, aunados a culpas, autorreproches, pesimismo, desesperanza y dificultad para concentrarse (Martínez, 2008). Las ideas suicidas, al igual que el suicidio, son mucho más difíciles de advertir en las ciencias del comportamiento que, por ejemplo, el desglose de un problema en Física, que es más directo. Sin embargo, parece que este fenómeno ha sido un movimiento en aceleración, lo que, según Watzlawick (1976), es un reclamo al cambio cuando existe movimiento tras movimiento. Pudiera ser que el suicidio, desde tiempo atrás, ha estado reclamando atención a la estructura social que hoy, como seres humanos, conformamos de forma interna y externa.

Se considera que ninguna persona tiene un control unilateral sobre otra. El control está en el modo en que el circuito o sistema se organiza y continúa operando. Por ello, cuando existe un síntoma en el grupo social, comenzando desde la familia y convirtiéndose en una tensión intolerable, este se ve obligado a buscar ayuda. La aparición de un síntoma puede ser precipitada por una multitud de hechos. Es posible que la desencadene un cambio en uno de los sistemas sociales más amplios dentro de los que existe la familia: sistema político, cultural, educacional y social. Veamos qué sucede con los profesionales de la salud (Murray, 1997).

Lo que nos puede proteger es poseer habilidades para la resolución no violenta de conflictos, desarrollar autoconfianza, valorarse a sí mismo y poseer buenas habilidades de pensamiento, emocionales, sociales y de comunicación, así como estar abiertos a nuevos conocimientos, experiencias e iniciativas.

Contar con una familia bien estructurada, lazos afectivos fuertes y una comunicación adecuada nos brindará un escudo contra cualquier enfermedad mental.

Socialmente, necesitamos tener grupos sanos, sin dejar de lado las creencias espirituales o un sentido de trascendencia de la vida. Resulta preciso rescatar los valores personales, morales y tradicionales, tener un directorio de adónde acudir cuando se presenten los inicios de este problema social y restringir el acceso a medios de suicidio (armas de fuego, medicamentos, tóxicos, etc.). Además, es crucial recibir una adecuada atención integral bajo los principios que un psicólogo debe practicar: confidencialidad, responsabilidad y continuidad de cuidados.

Por eso, las actividades de prevención ante esta problemática deben estar encaminadas a objetivos concretos, planeados junto a aquellos que la padecen. Es necesario fomentar la independencia, seguridad, estimulación y autoestima para que la intervención pueda iniciarse de forma efectiva. Esta intervención ha de tomar en cuenta lo siguiente: efectuar un examen de las disfunciones actuales en el desempeño de sus tareas y tener procedimientos breves y fáciles de administrar como medida de contención ante ideaciones suicidas o rasgos de actos suicidas (Eileen, 1987).

¿Qué mitos hay que erradicar?

- El suicidio se hereda.
- El suicida lo que en realidad quiere es morirse.
- Prevenir el suicidio es una tarea de las autoridades y de los médicos.
- El que intenta suicidarse es un cobarde.
- Hablar del suicidio con la persona que lo quiere realizar lo puede motivar a que lo cumpla, mejor no decir nada.
- El suicidio no se previene porque no da tiempo de hacer nada.
- El que dice que va a suicidarse no lo cumple, es chantaje.
- El suicidio no se puede detectar.
- La depresión es otra cosa que le suicidio.
- El suicidio es una moda.
- La solución más fácil es matarse.
- Es muy valiente el suicida al quitarse la vida.
- El suicidio es una maldición.
- ¿Qué hay que recordar ante esta problemática social?
- No estás solo, hay que buscar ayuda.
- Los problemas tienen solución, aunque parezca en ese momento que no existen
- Las crisis son pasajeras, pero hay que trabajarlas
- Los problemas parecen complejos, pero porque no nos atrevemos a pedir ayuda
- Detener tus pensamientos negativos ayuda a cambiar tu vida
- Apártate de los medios que pueden ser nocivos a tu salud mental y busca otra compañía que te ayude a estar bien

- Revisa tus actividades diarias, procurando explorar tu creatividad con ellas
- Acude con tu psicólogo al menos dos veces al año
- En caso de darte cuenta de que sientes mucha desesperanza, busca ayuda inmediata y acude a los servicios de atención y prevención al suicidio.

La salud mental es algo más que la ausencia de síntomas, como hemos visto; es la capacidad de trabajar, de desarrollar las potencialidades del ser en su esencia y sentido. Puede relacionarse con una inteligencia emocional o social, con el bienestar subjetivo, donde se persigue una felicidad y lo que se desea, es decir, el mantenerse integrado y saber responder ante las adversidades (Acevedo, 2002; Vaillant, 2003).

El suicida intenta mantenerse integrado, pero no lo logra; necesita encontrar sentido a la vida en las situaciones adversas que experimenta (Yalom, 1984). Por lo tanto, podríamos deducir que, si estimulamos a este tipo de personas a buscar un sentido a su vida, les ayudaremos a afrontar sus dificultades, a tener mayores satisfacciones y, en definitiva, a gozar de una mejor salud mental.

En esta línea del fenómeno del suicidio, la medida preventiva y de promoción general de salud mental y social la situamos como la alternativa o medida de especial relevancia: el desarrollo de las personas en lo que están llamadas a ser, ayudando a su integración personal, a la participación y a su aportación a la comunidad, contribuirá a un logro interior de sentido individual y social.

Cicerón, en una de sus sentencias, enunció: «Para tener una larga vida es preciso vivir». Es más evidente que la propia llovizna al caer del cielo lo que nos quiere decir, pero lo que quizás no sea evidente es su construcción y alimentación. La vida se nutre de lo significativo, y esto lo selecciona el hombre en toda su historia individual única e irrepetible, con una filosofía de vida no tan rígida, el amor a la familia y a los amigos (Prieto, 1996).

Por último, aquel que padece de intentos de suicidio y de un desgaste emocional puede recobrar la formación de sus creencias, proyecto y modo de vida, lo que lo volverá a nutrir de contenidos flexibles para una calidad de vida mejorable y sustentable.

Vivir para mejorar

Dra. Elizabeth Blas Soto

Anexo

La autora (a la derecha) junto a Jeffrey Zeig, mentor de la Dra. Elizabeth Blas, en trabajo conjunto de estudios superiores en hipnosis clínica elevado por el Instituto Milton Erickson, ubicado en Phoenix (Arizona, Estados Unidos). Continúan en colaboración.

Oaxaca

Elisa

Look on the other side at every possible opportunity

Best wishes

Jeff Zeig

Sobre la autora

La Dra. Elizabeth Blas es presidenta fundadora actual de la Federación de Psicología del Estado de Durango (FepsiDgo), así como integrante activa de la Federación Nacional de Psicología en México, con acreditaciones del Instituto Milton Erickson y la Complutense de Madrid, a través del Dr. Celedonio Castanedo, y miembro del Gestalt Institute of Cleveland (GIC). Posee acreditaciones posdoctorales en la UNAM y es miembro de investigación en el Instituto de Investigaciones Sociales de la UNAM. Ha recibido formación intensiva de varios líderes en movimiento y didactas formadores en psicoterapia clínica, humanista, psicoanalítica y psicosocial.

En la actualidad se dedica a promover el cambio de mentalidad y perspectiva de la Psicología en el estado de Durango. Es una de las pioneras en impulsar la unidad e identidad del psicólogo a nivel estatal. Es también la creadora del primer himno para la profesión y colabora con fuerza a nivel nacional para que México reconozca la importancia de programas de prevención en salud mental, siendo recibida por esferas presidenciales de México, siempre en conjunta colaboración para estrategias de prevención clínica y psicosocial. Es académica y profesional activa en ponencias, congresos y asambleas estatales, nacionales e internacionales.

Ha colaborado en numerosos proyectos de investigación sobre salud mental, participado en seminarios y talleres, y se ha dedicado con pasión a la atención mental, que es su mayor compromiso y satisfacción.

Lecturas recomendadas

Marta en medio de la vida
(Agustina Arévalo Garimani)

Autoaprendizajes emotivos: Hábitos de estudio y metas definidas en la vida
(Elsa Ortega de Ávila)

Pensamientos. Reflexionando sobre la depresión. Buscando el camino hacia la felicidad: una pequeña historia de un niño
(Juan Richard de León Márquez)

CADUCEUS

www.ingramcontent.com/pod-product-compliance
Lightning Source LLC
LaVergne TN
LVHW091340190726
843491LV00002B/813

* 9 7 8 6 1 2 5 1 7 0 1 4 9 *